基础会计

主　编　潘　纯　刘　希
副主编　陈　林　杜　蓓　李　雯　石俊凌

合肥工业大学出版社

图书在版编目(CIP)数据

基础会计/潘纯,刘希主编.—合肥:合肥工业大学出版社,2022.8
ISBN 978-7-5650-5962-9

Ⅰ.①基… Ⅱ.①潘…②刘… Ⅲ.①会计学 Ⅳ.①F230

中国版本图书馆 CIP 数据核字(2022)第 125332 号

基 础 会 计

潘 纯 刘 希 主编 责任编辑 毛 羽

出 版	合肥工业大学出版社	版 次	2022 年 8 月第 1 版
地 址	合肥市屯溪路 193 号	印 次	2022 年 8 月第 1 次印刷
邮 编	230009	开 本	787 毫米×1092 毫米 1/16
电 话	基础与职业教育出版中心:0551-62903120	印 张	13.25
	营销与储运管理中心:0551-62903198	字 数	290 千字
网 址	www.hfutpress.com.cn	印 刷	安徽联众印刷有限公司
E-mail	hfutpress@163.com	发 行	全国新华书店

ISBN 978-7-5650-5962-9 定价:59.80 元

如果有影响阅读的印装质量问题,请与出版社营销与储运管理中心联系调换。

前言

《基础会计》是会计专业的入门教材。它以最新企业会计法律、法规和制度为依据，以会计核算方法为主线，主要阐述了会计基本核算方法、会计实务处理的专门方法和程序、从分析经济业务开始的证—账—表的会计循环、会计工作的组织及工作规范等内容。通过教学，学生可初步了解会计的社会环境、研究对象，熟悉、掌握会计核算的主要方法及初步运用，为后续会计课程的学习奠定基础。本教材通过实务案例，系统演示手工操作下会计过程核算及证、账、表的形成，培养学生实践操作技能，加深学生对专业知识的理解，促进学生对理论知识的掌握与提升，加快学生由学习型向实践型角色的转换。

教材改革作为现代教育的重要内容，在课程建设中具有重要的意义。教材是教学的主要依据和强力支撑，作为专业基础课教材，不仅要满足眼前教与学的需求，还能解答未来工作中可能会出现的困惑。教材作为教师团队教学经验的总结和积累，是教学改革成果的充分体现。教材编写要具有创新性，还要跟上时代的发展趋势，能够支撑职业人才培养目标的实现。因此，在《基础会计》的编写过程中，作者进行了一些思考、探索和创新。

(1) 打破传统学科性教材模式，提高适用性。传统教材注重内容的完整性、逻辑性、可读性，在知识和能力的传授中更注重知识，脱离了高职学生的思维性和学习能力，从而加大了教师施教的难度，教学效果较不理想。本教材尝试新的编写模式，重新梳理会计岗位工作任务，以现行会计法律、法规制度为依据，以“通俗易懂”“好学好用”“学完能用”为目的，以会计实际工作为背景来开发教材，使教材在支撑学生职业能力培养方面的作用得到了加强。

(2) 按照行动导向教学理念进行编排，强化工匠精神。本教材共 10 个项目 31 个任务，每个项目以任务引入为起点，提出学习任务目标，再进行任务分析，然后给出解决任务所需要的相关知识，最终解决任务。本教材根据需要，通过“知识拓展”与“知识链接”的形式介绍一些相关理论知识，以期达到提高学生综合能力的目的。教材通过“项目导向，任务驱动”，将创新创业理念和工匠精神融入专业课程中。

（3）内容新颖，操作性强，课程思政特色明显。本教材以岗位为基础，以能力为本位，以思想教育为线索，以完成会计核算工作任务的需要为编排内容，以国家最新的会计准则和会计制度为依据，注重知识更新，满足会计专业“1+X”证书制度改革需要，融入爱岗敬业、遵纪守法、吃苦耐劳、诚实守信等思想教育，做到课程思政化。

（4）改革传统教材形式，增强灵活性。本教材采用活页式形式，课程学习者可以根据需求，选取所需部分进行学习，教师也可以根据自身教学需要，灵活选取或增加教学内容。

（5）教材资源丰富。为方便教学，书中附有微课视频资源，扫描书中二维码即可观看相应资源。同时，本教材还配有教学PPT、课程测试题库和拓展阅读资料等学习资源。

本教材由长江工程职业技术学院的潘纯和武汉城市职业学院的刘希担任主编，由武汉城市职业学院的李雯、太原技师学院的石俊凌、长江工程职业技术学院的陈林和杜蓓担任副主编。其中，项目三、项目四、项目五、项目六由潘纯编写，项目一、项目二由陈林编写，项目七、项目八由杜蓓编写，项目九和单项实训由刘希编写，项目十和各项目实训由李雯和石俊凌共同编写。全书由潘纯统稿。

本教材案例中的企业名称和基本情况及其业务内容均为模拟，如与有关单位雷同，敬请谅解。本教材引用了相关教材和作者的内容及观点，在此对有关作者表示感谢。

鉴于编者水平和能力有限，书中难免存在疏漏和不足之处，敬请读者和各界同人提出宝贵意见和建议，以便我们不断加以完善。

编　者

2022年4月10日

目　录

项目一　会计概述

知识目标

1. 了解会计的起源
2. 理解会计概念、会计特征、会计对象
3. 掌握会计基本职能、会计核算前提条件、会计核算基础、会计信息质量要求
4. 掌握会计六大要素的定义和确认条件
5. 掌握会计恒等式

学银在线微课

技能目标

1. 能够判断会计核算前提条件
2. 能够区分会计核算职能和监督职能
3. 能够讲解企业资金运动的过程
4. 能够判断经济业务对会计等式的影响

思政目标

1. 增强学生的文化自信
2. 培养诚实守信、不做假账的职业素养

任务一　了解会计

任务引入

张丽刚从大学会计专业毕业，应聘到长江公司财务部工作。长江公司于 2021 年 9 月 15 日发生以下业务活动，其中哪些是需要会计进行核算的呢？请你帮张丽进行判断一下吧。

（1）各业务部经理参加了商洽会，共签订合同三份；

（2）财务部新招聘出纳一位；

（3）业务员报销差旅费；

（4）业务部收到订货单两份；

(5) 收到销货款存入银行存款账户；

(6) 向银行提取现金备用；

(7) 董事会决定向黄河公司投资；

(8) 仓库将购买的原材料验收入库；

(9) 支付下一年度杂志费。

任务分析

任务的考核点是会计核算内容，那么会计核算内容是什么呢？是公司发生的所有业务吗？首先让我们一起来学习一下会计是什么？会计是核算什么的？

知识学习

一、会计概念

(一) 我国会计的起源

会计的产生和发展是随着人们的生产实践和生产管理上的需要而产生和发展的。

最初的会计只是“生产职能的附带部分”，后来会计才逐渐“从生产职能中分离出来”，成为一种具有独立职能的管理活动。经济越发展，会计越重要。

中国会计的历史源远流长，早在原始公社制时代，人们已用“刻契记事”和“结绳记事”等方法，反映渔猎收获数量及其他收支。这是最原始的会计活动。

到奴隶制时代，随着社会经济的发展和国家的建立，为适应统治阶级管理经济的需要，“官厅会计部门”产生并得到初步发展。西周设置了专门负责会计工作的“司会”官职，它与专门负责财物保管工作的官职“小宰”有明确的分工。会计部门内部设“司书”“职内”“职岁”“职币”四种官职，分别执掌财务与出纳。周朝还制定了一些财计管理制度，如收支报告制度、交互考核制度，以及宰夫所行使的就地稽查制度等。我国“会计”一词最早产生于西周时期，《周礼·天官》记载：“会计，以参互考日成，以月要考月成，以岁会考岁成。”周代的官厅会计，不仅采用了类似凭证（当时的“书契”“官契”等）、账簿（当时的“籍书”）和“三柱结算法”等专门会计方法，而且有了叙事式会计报告（如《周礼》中讲的“日成”“月要”和“岁会”报告）。

随着封建经济关系的产生、发展，中国会计有了长足的发展。战国至秦汉时期，官厅财计组织从中央到地方已初步构成一个经济管理系统。“编户制度”“上计制度”以及国家财政收支和皇室收支分别是以管理制为主干的财计制度、秦汉御史监察制度的建立，是封建国家经济集权的重要体现。以“入、出”为记账符号，以“上入下出”为基本特征的单式入、出记账法的形成，以“入－出＝余”为基本公式的三柱结算法的普及运用，奠定了中式会计方法的基础。秦汉时，随着商品货币经济的发展，还采用了以“收、付”为记账符号，以“上收下付”为基本特征的单式收付记账法，并对一部分收支以钱币为计量单位进行核算。这是中式会计获得初步发展的重要标志。

隋唐至宋代这一时期，是中国封建经济发展的兴盛时期。会计、审计和国库组织发展到较为完备的程度。会计与出纳、会计与国库、现金出纳与实物出纳、签证单位与财物发放单位，以及审计与会计之间都有了明确的分工，均由专门的机构或人员负责。唐代的“度支部”和宋代的“总计司”“会计司”等专门组织的设置，表明了当时对会计的重视。唐代建立起了独立的审计组织机构——比部、行使财计监察的御史台及御史监察制度，还有后来宋代建立的“审计司”。

（二）会计的概念

会计是随着社会生产的发展和经济管理的要求而产生的，并随着社会经济的发展和生产力水平的提高而不断完善的。会计的萌芽阶段不仅是对劳动成果的一种简单的计量与记录行为，而且是生产经营过程的附带职能。随着社会经济的发展和生产力水平的不断提高，生产规模不断扩大，生产过程愈加复杂。为适应经济管理的需要，会计逐渐从生产过程中分离出来，发展成为记录和反映财务状况和经营成果的独立职能部门。

从会计的发展、变化来看，会计的含义可以表述为：会计是以货币为主要计量单位，运用专门的方法，对社会再生产过程中的各项经济活动进行全面、综合、连续、系统的核算和监督，旨在提高经济效益的一种经济管理活动。

（三）会计的基本特征

从会计的概念可以得出会计有以下特征：

1. 会计以货币为主要计量单位

会计在核算中可以采用货币计量单位、实物计量单位、劳动计量单位。其中，只有货币计量单位才能反映各种事物的价值，提供综合指标，便于统计、评价经济得失。

2. 会计以凭证为主要依据

会计核算工作要有凭有据，企业每项经济业务的完成都要以凭证进行如实记录和反映。

3. 会计核算具有全面性、综合性、连续性和系统性

全面性和综合性是指对会计对象的全部经济业务都要进行核算；连续性是指会计核算时对发生的各项经济业务按时间顺序不间断地进行记录；系统性是指会计从开始记录经济业务到最后编制会计报表的整个过程中，会计资料通过分类、汇总和加工整理等系统化处理，得到各项经济指标。只有提供全面、综合、连续和系统的数据资料，才能更准确地反映特定对象的经济活动情况，考核其经济效益。

4. 会计具有一套比较科学、完整的方法

会计具有与其他学科不同的独特的方法，包括会计核算方法、会计分析方法、会计检查方法等。其中，会计核算是会计的基本环节，是实现会计目标的基本手段，是整个会计体系的基础。它们是人们通过长期的实践活动总结出来的一套科学的方法。

5. 会计的本质是一项经济管理活动

经济管理的目的在于提高经济效益，这就需要会计提供资料为之服务。会计除了

提供资料外，可以参与一些预测、决策和计划的制订等。因此，会计在本质上是一种管理活动，是企业经济管理活动的重要组成部分。

二、会计目标

会计目标也称会计目的，是要求会计工作完成的任务或达到的标准，即向财务会计报告使用者提供与企业财务状况、经营成果和现金流量等有关的会计信息，反映企业管理层受托责任履行情况，有助于财务会计报告使用者作出经济决策。

（一）向财务会计报告使用者提供决策有关信息

财务会计报告使用者主要包括投资者、债权人、政府及其有关部门和社会公众等。会计主要是通过财务会计报告向其使用者提供与企业财务状况、经营成果和现金流量等有关的会计信息，有助于财务会计报告使用者作出是否投资或继续投资、是否发放或收回贷款的决策，有助于政府及其有关部门作出促进经济资源分配公平与合理、市场经济秩序公正和有序的宏观经济决策。

（二）反映企业管理层受托责任履行情况

现代企业制度强调企业所有权和经营权相分离，企业管理层是受委托人之托经营管理企业及其各项资产，负有受托责任。即企业管理层所经营管理的企业各项资产基本上由投资者投入的资本（或者留存收益作为再投资）和向债权人借入的资金形成，企业管理层有责任妥善保管并合理、有效地运用这些资产。为了评价企业管理层的责任情况和业绩，并决定是否需要调整投资或者信贷政策，是否需要加强企业内部控制和其他制度建设，是否需要更换管理层等。企业投资者和债权人等也需要及时或者经常性地了解企业管理层保管、使用资产的情况。因此，会计应当反映企业管理层受托责任的履行情况，以便外部投资者和债权人等评价企业的经营管理责任和资源使用的有效性。

三、会计职能

会计职能是指会计在经济管理活动中所具有的功能。《中华人民共和国会计法》中规定“会计机构、会计人员依照本法规定进行会计核算，实行会计监督”，将会计的基本职能表述为核算和监督。

（一）会计核算职能

会计核算职能也称反映职能，是指会计以货币为主要计量单位，通过确认、计量、和报告等环节（图 1-1），从价值量上反映特定主体的经济活动，从而提供相关会计信息的功能。会计核算职能是会计最基本的职能，是实现其他职能的前提。

图 1-1　会计核算环节

析一析

例如：买了一辆车，金额为 20 万元。

确认（定性）：这笔账是否要做？这辆车是什么资产？

计量（定量）：这辆车价值是多少？

报告：在确认、计量的基础上，对外提供财务报告。

会计核算职能具有如下特点：

（1）会计主要核算过去已经发生或已经完成的经济活动；

（2）会计核算从数量上反映各单位的经济活动状况，以货币量度为主，以实物量度和劳动量度作为辅助量度；

（3）会计核算具有连续性、系统性、综合性和全面性；

（4）会计核算必须遵循国家颁布的会计准则和会计制度，即财政部颁布的《企业会计准则》《事业单位会计准则》《企业会计制度》和各行业会计制度等。

（二）会计监督职能

会计监督职能也称控制职能，是指会计在对经济活动进行核算的同时，依据有关法律和规章制度对其合法性和合理性进行审查，规范企业会计行为，保证经济活动在合理、合法的前提下达到既定的目的和要求。会计监督职能是现代会计不可缺少的功能，是会计工作的灵魂和核心。

会计监督职能具有如下特点：

（1）会计监督主要通过价值指标来进行；

（2）会计监督是对单位经济活动的全过程进行监督，包括事前、事中和事后监督；

（3）会计监督以财经法律、法规为依据。

会计的核算和监督职能是密切相关、不可分割的（图 1－2）。如果会计管理没有可靠、充分、完整的会计核算资料，监督就失去了客观依据，监督就不可能顺利进行，甚至就不能进行。因此，核算是监督的基础。反之，如果没有科学、严格的会计监督，核算的真正作用就难以发挥，核算过程和结果的准确性、真实性、合法性以及合理性就得不到保证。因此，监督又是核算的继续。

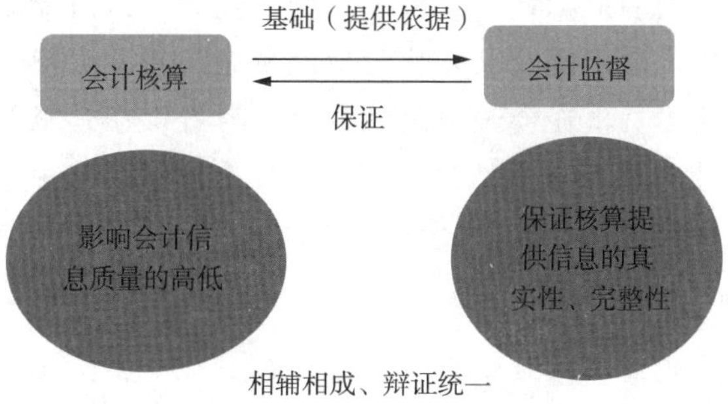

图 1－2 会计核算与会计监督的关系

随着经济的发展和管理理论的完善，会计的内容和作用在不断地扩大，会计的职能也在逐渐扩大。现代会计职能还包括预测经济前景、参与经济决策、评价经营业绩等。

想一想

会计职能除了核算和监督外，还有其他职能吗？

四、会计核算对象

会计核算对象是指社会再生产过程中的资金运动。制造业企业资金运动的方式具体如图 1-3 所示。

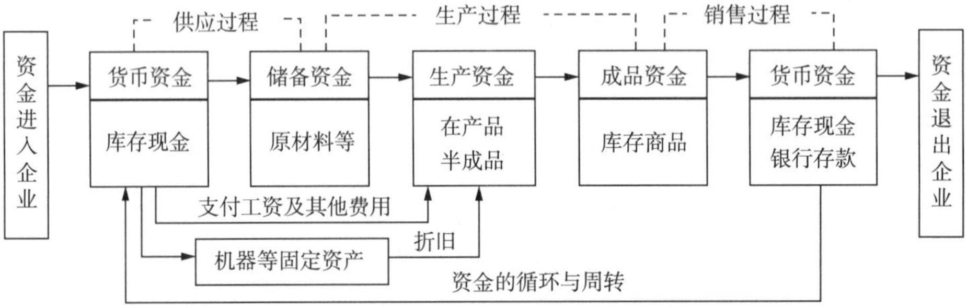

图 1-3　制造业企业资金运动的方式

（一）资金进入企业

企业通过各种方式筹集资金，形成了资金进入企业。其来源主要包括所有者的资金投入和债权人的资金投入。前者构成了企业的所有者权益，后者则形成了企业的负债。

（二）资金的循环与周转

企业资金的循环与周转分为供应、生产和销售三个阶段。在供应过程中，企业要用筹集到的货币资金去购买原材料等物资，企业资金由货币资金转化为储备资金。进入生产过程后，生产部门领取和耗用各种原材料等物资，这时储备资金又转变为生产资金。产品生产完工后，生产资金又转化为成品资金。将库存商品对外销售并取得收入后，成品资金又转化为货币资金。企业的资金，随着供产销三个过程的进行，从货币资金开始，依次转化为储备资金、生产资金、成品资金，最后又回到货币资金，这一转化过程叫作资金循环。资金的不断循环就是资金周转。

（三）资金退出企业

资金退出企业是指企业的资金不再参加生产经营过程中资金的循环与周转，而是游离于企业资金运动之外。例如，上缴各种税费、偿还各项债务、向所有者分配利润或按法律程序减少资本等。

五、会计核算前提条件

会计核算前提条件又叫会计的基本假设，是对会计核算所处的时空环境等所做的合理设定，它是人们在长期的会计实践中，逐步认识总结而成的。会计核算前提条件是进行会计工作的基础或先决条件，也是人们对市场经济环境下会计工作规律的认识范畴。一般公认的会计核算前提条件有：会计主体、持续经营、会计分期和货币计量。

（一）会计主体

会计主体是指会计核算为其服务的特定单位或组织。会计主体规范了会计工作的空间范围，作为一个会计主体应具备的条件是：有独立的资金、能独立开展经济活动或财务活动、独立进行会计核算的经济组织。会计主体前提的主要作用是对会计核算的范围予以界定，它要求会计核算必须严格区分自己的经济活动与他人（与自然人相对应的经济组织或单位）的经济活动，正确地反映其所拥有的资产和应当承担的债务责任，准确地计算收益或损失，从而为决策者提供所需要的会计信息。明确界定会计主体是开展会计确认、计量和报告工作的重要前提，从空间上限定了会计核算的对象范围。

需要注意的是，会计主体不同于法律主体。一般来说，法律主体必然是一个会计主体。例如，一个企业作为一个法律主体，应当建立会计核算体系，独立反映其财务状况、经营成果和现金流量。但是，会计主体不一定是法律主体。例如，在企业集团的情况下，一个母公司拥有若干个子公司，企业集团在母公司的统一领导下生产经营。母公司、子公司虽然是不同的法律主体，但为了反映企业集团的财务状况、经营成果和现金流量，就有必要将这个企业集团作为一个会计主体，编制合并会计报表。

（二）持续经营

持续经营是指在可以预见的将来，企业将会按当前的规模和状态继续经营下去，不会停业，也不会大规模削减业务。持续经营是对会计主体核算时间上所作出的一种假定。

企业是否持续经营，在会计原则、会计方法的选择上有很大差别。一般情况下，应当假定企业将会按当前的规模和状态继续经营下去，不会停业，也不会大规模削减业务。明确这一基本前提，就意味着会计主体将按照既定用途使用资产，按照既定的合约条件清偿债务，会计人员就可以在此基础上选择会计原则和会计方法。

由于持续经营是根据企业发展的一般情况所作的假设，而任何企业都存在破产、清算的风险。换而言之，所有的企业不能持续经营的可能性都是存在的。为此，企业必须定期对其持续经营的基本前提作出分析和判断。如果判断企业不会持续经营，就应当改变会计核算的原则和方法，并在企业财务会计报告中做相应的披露。

（三）会计分期

会计分期是指将持续正常的生产经营活动人为地划分成一个个连续的、相等的期间，据以分期结算账目和编制财务会计报告。会计分期是对会计核算在时间上所作出的一种界定，也是持续经营存在的客观要求。

会计分期的目的，在于通过会计期间的划分，据以按期结算盈亏、编制财务会计报告，从而及时向各个方面提供有关企业财务状况、经营成果和现金流量的信息。

明确会计分期基本前提对会计核算有着重要影响。由于会计分期的存在，才产生了当期与其他期间的差别，企业才能按照归属期确认收入和费用，才能使不同类型的会计主体有了记账的基准，进而采用相应的会计处理方法。

我国的会计期间分为年度、半年度、季度和月度，且均按公历起讫日期确定。半年度、季度和月度称为会计中期。以一年确定的会计期间称为会计年度，按照年度编制的财务会计报告也称为年报。在我国，会计年度自公历每年的 1 月 1 日至 12 月 31 日。

（四）货币计量

货币计量是指会计核算须以货币作为主要计量单位。在货币计量前提下，企业的会计核算以人民币为记账本位币。业务收支以人民币以外的货币为主的企业，可以选定其中一种货币作为记账本位币，但是编制的财务会计报告应当折算为人民币。在境外设立的中国企业向国内报送的财务会计报告，应当折算为人民币。

在会计核算过程中，之所以选择货币作为计量单位，是由货币本身属性决定的。货币是商品的一般等价物，是衡量一般商品价值的共同尺度，具有价值尺度、流通手段、贮藏手段和支付手段等职能。其他的计量单位，如重量、长度、容积、台、件等，只能从一个侧面反映企业的生产经营成果，无法在量上进行比较，不便于实物管理和会计计量。所以，为全面反映企业的生产经营、业务收支等情况，会计核算就选择了货币作为计量单位。

会计核算各前提条件之间存在着相互关联、相互制约的关系。会计核算首先必须明确会计主体才能确定会计核算的范围；只有在首先确定会计主体的基础上，企业或其他经济组织的经济活动才能体现出持续不断的运动过程，也才能必要地对持续不断的经济活动序时进行分期，并通过货币计量来反映其价值运动，最终形成会计核算的一整套完整的程序和方法体系，且周而复始地不断循环。

六、会计核算基础

企业会计核算基础有两种：一种是收付实现制或实收实付制，或现收现付制，或现金制；另一种是权责发生制或应收应付制，或应计制。

（一）收付实现制

收付实现制是以本期款项的实际收付作为确定本期收入、费用的标准。凡是本期实际收到款项的收入和付出款项的费用，不论款项是否属于本期，只要在本期实际发生了，就应作本期的收入和费用。所以又叫实收实付制、现收现付制、现金制。

（二）权责发生制

权责发生制是指企业按收入的权利和支出的义务是否归属于本期来确认收入、费用的标准，而不是按款项的实际收支是否在本期发生，也就是以应收应付为标准。在权责发生制下，凡属本期的收入和费用，不论其是否发生，均要计入本期；凡不属本期的收入和费用，尽管发生了，也不计入本期。故又叫应收应付制、应计制。

收付实现制是与权责发生制相对应的一种会计制度。目前，我国的行政单位会计采用收付实现制，事业单位会计除经营业务可以采用权责发生制外，其他大部分业务也采用收付实现制。我国企业单位一般都采用权责发生制为会计核算基础。

试一试

假设现在是 1 月份，请分别按照收付实现制和权责发生制计算 1 月份的收入和费用（表 1－1）。

表 1－1 1 月份的收入和费用

序号	举例	收付实现制		权责发生制	
		收入	费用	收入	费用
1	1 月预收 2 月销售货款 5 000 元				
2	1 月预付全年企业的水电费 2 400 元				
3	1 月销售货款 8 000 元，实际收到货款 5 000 元，余额下月支付				
4	1 月购入办公用品 1 000 元，款项尚未支付				
合计					

七、会计核算方法

会计核算方法主要包括以下七种：

（一）设置账户

设置账户是对会计对象的具体内容进行归类反映和监督的一种专门方法。会计对象的内容是复杂多样的，要对它们进行系统地核算和有效地监督，就必须进行科学地分类，以便取得各种不同性质的核算指标。因此，必须按照经济业务的内容和管理要求，分别设置账户，进行分类登记，以取得经营管理所需要的各个方面的核算资料，及时对经济活动进行控制和管理。

（二）复式记账

在账户中反映经济业务，必须要使用一定的记账方法，就要用到复式记账。复式记账是在会计工作的实践中渐渐产生的，是以相等的金额同时在两个或两个以上的有关账户中记录每一项经济业务，从而完整地反映资金的运动。采用复式记账方法，通过账户的对应关系，可以了解有关经济业务的来龙去脉；通过账户的平衡关系，可以检查有关业务的记录是否正确。

（三）填制和审核凭证

会计凭证是记录经济业务，明确经济责任，作为记录根据的书面证明。对于任何一项经济业务，都要根据有关法律、政策和制度进行严格审核。只有经过审核无误的原始凭证，才能运用复式记账原理将经济业务登记在记账凭证上，然后以此作为登记账簿的可靠依据，以保证会计资料的真实性。因此，填制和审核凭证是会计核算和监督必不可少的方法。

（四）登记账簿

账簿是用来全面、连续、系统地记录各项经济业务的簿籍，是保存会计资料的重要工具。登记账簿就是填制和审核无误的记账凭证，在账簿上连续、完整地记录和循序渐进地汇集核算经济活动的一种专门方法。账簿的登记要以经过审核的凭证为依据，既要按照账户的内容分类反映经济业务，又要按照时间的先后反映经济业务。账簿记录的资料，是编制财务会计报告的重要依据。

（五）成本计算

成本计算是对产品生产中所发生的各项费用，按照企业会计制度的规定，进行审核、归集和分配，借以确定各个对象的总成本和单位成本的一种专门方法。这一专门方法主要是在企业会计中加以采用。在企业生产经营过程的每个阶段，都会发生各种费用，其中有些费用，如期间费用，可以直接在当期损益中体现；而另一些费用，如工业生产过程中所耗费的主要材料、辅助材料等，则需要按照一定的计算对象和标准进行归集，借以计算出总成本和单位成本。利用成本计算所提供的资料，可以了解各阶段费用的支出情况，找出进一步挖掘潜力、降低成本、提高效益的途径。

（六）财产清查

财产清查是通过实物盘点、核对账目，查明财产物资实有数额的一种专门方法。在会计工作中，运用一系列的专门方法，将各种财产物资的结存数额在账簿中作出反映。但是账面上反映的财产物资的结存数额，是否与实际结存的数额完全相符，还需要财产清查的方法加以查对核实。通过财产清查，企业可以了解账实相符的程度，可以查明材料物资储备是否能够保证生产经营的正常需要，是否超储积压和损毁等情况，以及各应收、应付款项的结算情况。因此，财产清查的方法同样构成了会计核算方法体系的一个组成部分，对于改进财产物资的管理、挖掘物资潜力、加速资金周转和保证会计核算资料的正确性具有重要作用。

（七）编制会计报表

编制会计报表是定期以书面报告的形式总括地反映企业财务状况和经营成果的一种专门方法。编制会计报表是向企业所有者、债权人等利害关系综合报告其财务状况和经营成果的一种方法，又是强化企业内部管理、考核、分析计划或预算完成情况的重要手段。编制会计报表可以把账簿中分散的资料集中起来，归纳整理，使之更加系统化，更加具有合理性，既全面又概括地反映出企业在一定时期经济活动的情况和结果。因此，编制会计报表作为会计核算方法体系的组成部分，是必不可少的。

八、会计信息质量要求

会计信息质量标准是对企业财务报告中所提供会计信息质量的基本要求，是使财务报告所提供会计信息对使用者决策有用而应具备的基本特征，《企业会计准则——基本准则》对会计信息质量要求的规定包括可靠性、相关性、可理解性、可比性、实质重于形式、重要性、谨慎性和及时性等八项。

（一）可靠性

可靠性要求企业应当以实际发生的交易或者事项为依据进行确认、计量和报告，如实反映符合和确认计量要求的各项要素及其他相关信息，保证会计信息真实可靠、内容完整。在会计核算工作中应坚持可靠性要求，以客观事实为依据，正确运用会计原则和方法，坚持用科学的分析方法进行客观判断，准确反映企业的实际情况，保证会计信息的真实性、可靠性。

（二）相关性

相关性要求企业提供的会计信息应当与财务会计报告使用者的经济决策需要相关，有助于财务会计报告使用者对企业过去、现在或者未来的情况作出评价或者预测。经济信息是否相关以是否与企业的决策相关来判断，在会计核算中坚持相关性原则，就要求会计人员在提供、收集、加工和处理会计信息的过程中，充分考虑会计信息使用者的需要，尽可能满足他们对信息的需要。

（三）可理解性

可理解性要求企业的会计核算和编制的财务会计报告应当清晰明了，便于理解和利用。在会计核算工作中坚持明晰性原则，要求会计记录应当准确、清晰，填制会计凭证、登记账簿必须做到依据合法、账户对应关系清楚、文字摘要完整；在编制会计报表时，项目钩稽关系清楚、项目完整、数字准确。如果企业的会计核算和编制的财务会计报告不能做到清晰明了、便于理解和使用，就不符合清晰性原则的要求，不能满足会计信息使用者的决策需求。

（四）可比性

可比性要求企业提供的会计信息应当具有可比性。同一企业不同时期发生的相同或者相似的交易或事项，应当采用一致的会计政策，不得随意变更。确实需要变更的，应当在财务会计报告中说明；不同企业发生的相同或者相似的交易或事项，应当使用规定一致的政策，确保会计信息口径一致、相互可比。对于同一企业，由于经济业务具有多样性和复杂性，因此，对于某些交易或事项，准则中提供了多种会计核算方法。例如，存货的计价方法有先进先出法、加权平均法、个别计价法等，固定资产的折旧方法有年限平均法、工作量法、双倍余额递减法、年数总和法等。如果不同时期采用了不同的方法，将不利于会计信息的比较。

不同企业，可能处于不同行业、不同地区，交易或事项也发生于不同时间。为了保证会计信息能够满足信息使用者决策的需要，便于比较不同企业的财务状况、经营成果和现金流量，只要相同或者相似的交易或事项，应当采用规定的会计政策，确保会计信息口径一致、相互可比。

（五）实质重于形式

实质重于形式要求企业应当按照交易或事项的经济实质进行会计确认、计量和报告，而不应当仅仅按照他们的法律形式作为会计核算的依据。在企业会计核算中，可能会碰到一些经济实质与法律形式不一致的经济业务或事项。例如，融资租入固定资产的确认条件不是法律形式上的所有权转移，而是会计事项的经济实质，企业在相当长的租赁期内有权支配该资产并从中受益，在租期结束时企业有权享有对该资产的优先购置权。因此，企业能够控制该资产的未来经济利益，会计核算应将融资租入固定资产视为自有资产。

（六）重要性

重要性要求企业在会计核算过程中对交易或事项应当区别其重要程度，应采用不同的核算方法。对资产、负债、损益等有较大影响，进而影响财务会计报告使用者据以作出合理判断的重要会计事项，必须按照规定的会计方法和程序进行处理，并在财务会计报告中予以充分、准确地披露；对于次要的会计事项，在不影响会计信息真实性和不至于误导财务会计报告使用者作出正确判断的前提下，可适当简化处理。在评价某些项目的重要性时，很大程度上取决于会计人员的职业判断。一般来说，应当从性质和数量两个方面进行分析。从性质方面来说，当某一事项有可能对决策产生一定影响时，就属于重要项目；从数量方面来说，当某一项目的数量达到一定规模时，就可能对决策产生影响，一般认为其具有重要性，应将其作为具有重要性的会计事项处理。

（七）谨慎性

谨慎性要求企业在进行会计核算时，不得多计资产或收益、少计负债或者费用。在会计核算工作中坚持谨慎性原则，要求企业在面临不确定因素的情况下作出职业判断时，应当保持必要的谨慎，既不抬高资产和收益，也不压低负债和费用。例如，要求企业定期或者至少于每年年度末，对可能发生的各项资产损失计提资产减值准备等，都充分体现了谨慎性。

（八）及时性

及时性要求企业的会计核算应当及时进行，不得提前或延后。会计信息的价值在于帮助所有者或其他方面作出经济决策，在会计核算过程中坚持上述原则，一是要求及时搜集会计信息，即在交易或事项发生后，及时搜集整理各种原始单据；二是及时处理会计信息，即在国家统一的会计制度规定的时限内，及时编制出财务会计报告；三是及时传递会计信息，即在国家统一的会计制度规定的时限内，及时将编制出的财务会计报告传递给财务会计报告使用者。

九、会计计量属性

企业在将符合确认条件的会计要素登记入账并列报于财务报表时，应当按照规定的会计计量属性进行计量，确定其金额。从会计角度看，计量属性反映的是会计要素金额的确定基础，主要包括历史成本、重置成本、可变现净值、现值和公允价值等五种。

（一）历史成本

历史成本又称实际成本，就是取得或制造某项财产物资时所实际支付的现金或现金等价物。在历史成本计量下，资产按照购置时支付的现金或现金等价物的金额，或者按照购置资产时所付出的对价的公允价值计量。负债按照因承担现时义务而实际付出的款项或者资产的金额，或承担现时义务的合同金额，或按照日常活动中为偿还负债预期需要支付的现金或者现金等价物的金额计量。

企业在对会计要素进行计量时，一般应当采用历史成本。采用重置成本、可变现净值、现值、公允价值计量的，应当保证所确定的会计要素金额能够取得并可靠计量。

（二）重置成本

重置成本又称现行成本，是指按照当前市场条件，重新取得同样一项资产所需支付的现金或现金等价物的金额。在重置成本计量下，资产按照现在购买相同或者相似资产所需支付的现金或现金等价物的金额计量；负债则按照现在偿付该负债所需支付的现金或者现金等价物的金额计量，如固定资产盘盈时采用重置成本计量等。

（三）可变现净值

可变现净值又称预期出售价值，是指通过正常处置出售资产现在所能收到的现金或现金等价物的金额。在采用可变现净值计量时，资产按照其正常对外销售所能收到的现金或现金等价物的金额扣减该资产至完工时估计将要发生的成本、估计的销售费用以及相关税费后的金额计量，如存货的期末计价采用成本与可变现净值孰低计量等。

（四）现值

现值是对未来现金流量以恰当的折现率进行折现后的价值，是充分考虑货币时间价值因素等的一种计量属性。在采用现值计量时，资产按照预计从其持续使用和最终处置中所产生的未来净现金流入量的折现金额计量，负债则按照预计期限内需要偿还的未来净现金流出量的折现金额计量，如企业分期收款销售商品时销售收入的计价采用现值计量等。

（五）公允价值

公允价值是指在公平交易中，熟悉情况的交易双方自愿进行资产交换或者债务清偿的金额。在采用公允价值计量时，资产和负债是按照在公平交易中，熟悉情况的交易双方自愿进行资产交换或者债务清偿的金额计量，如交易性金融资产的期末计价采用公允价值计量等。

任务实施

会计的核算对象是企业资金运动。

任务一：签订合同，没有发生资金运动，不是会计核算内容；

任务二：招聘员工，没有发生资金运动，不是会计核算内容；

任务三：业务员报销差旅费，发生了资金运动，是会计核算内容；

任务四：业务部收到订货单两份，没有发生资金运动，不是会计核算内容；

任务五：收到货款，发生了资金运动，是会计核算内容；

任务六：向银行提取现金备用，发生了资金运动，是会计核算内容；

任务七：董事会决定向黄河公司投资，没有发生资金运动，不是会计核算内容；

任务八：材料验收入库，发生了资金运动，是会计核算内容；

任务九：支付下一年度杂志费，发生了资金运动，是会计核算内容。

任务二 会计要素与会计等式

任务引入

假设 2021 年 9 月，张丽在学校附近买了一个店面想开一家打印店，一次性支付门面费 100 000 元；经预算自有资金不足，从银行贷款 50 000 元，期限为 3 年，年利率为 6%；花费 10 000 元买了两台电脑，2 000 元买了一台打印机，30 000 元买了一台复印机；买各种纸张又花了 8 000 元；雇用了两名工作人员，每月工资 1 000 元；开始营业后，每天营业收入 500 元，每月需要缴纳各种税费 1 500 元。请你帮张丽分析一下开业之初这家打印店的财务状况，以及一个月的预计经营成果。

任务分析

想要了解打印店的财务状况和经营成果，首先要明白反映财务状况和经营成果的要素有哪些，然后明确这些要素的具体计量结果。下面让我们先学习六大会计要素。

知识学习

一、会计要素的含义与分类

（一）会计要素的含义

会计要素是对会计对象的基本分类，是根据交易或者事项的经济特征所确定的财务会计对象的基本分类，是会计核算对象的具体化，是会计用于反映会计主体财务状况、确定经营成果的基本单位。

会计要素是会计对象的第二层次划分，第一层次是资金运动，第三层次是会计科目。资金运动是纷繁复杂的，在明确会计对象是资金运动后，为了系统地、完整地核算和监督单位经济活动的发生情况及结果，为经济管理提供有用的会计信息，还必须对其进一步细分并科学归类。

（二）会计要素的分类

会计要素是对会计事项进行归类的结果，是会计报表的基本构成单位，具体表现为六大会计要素：资产、负债、所有者权益、收入、费用和利润。其中，资产、负债和所有者权益是组成资产负债表的会计要素，也称资产负债表要素，反映企业在一定日期的财务状况，属于静态要素；收入、费用和利润是组成利润表的要素，也称利润表要素，反映企业在一定时期内的经营成果，属于动态要素。

二、会计要素的确认

（一）资产

企业从事生产经营活动必须具备一定的物质资源。这些物质资源可以表现为银行存款、厂房场地、机器设备、原材料等。而这些银行存款、厂房场地、机器设备、原材料等，就称为资产。它们是企业从事生产经营活动的物质基础。除了上述提到这些具有物质形态的资产外，资产还包括不具有物质形态的，但有助于生产经营活动的，如专利权、商标权等无形资产。

1. 资产的概念与特征

我国《企业会计准则——基本准则》第二十条将资产定义为："资产是企业过去的交易或者事项形成的、由企业拥有或者控制的、预期会给企业带来经济利益的资源。"资产的定义指出了资产的实质，着重强调了下列特征。

（1）资产是由过去的交易或事项形成的。也就是说，资产必须是现实的资产，而不是预期的资产，是企业在过去一个时期里，通过过去的交易或事项所形成的，是过去已经发生的交易或事项所产生的结果。至于未来交易或事项以及未发生的交易或事项可能产生的结果，则不属于资产，不得作为资产确认。例如，已经发生的固定资产交易会形成资产，而计划中的固定资产购买交易则不会形成资产。

（2）资产必须是企业拥有的或控制的。一般来说，一项资源要作为资产予以确认，应该拥有此项资源的所有权，可以按自己的意愿使用或处置资产，其他企业或个人未经同意，不能擅自使用本企业的资产。也就是说，企业拥有资产，就能够排他性地从资产中获得经济利益。

（3）资产预期会给企业带来经济利益。所谓未来经济利益，是指直接或间接地增加流入企业的现金或现金等价物的潜力，这种潜力在某些情况下可以单独产生净现金流入，而某些情况下则需要与其他资产结合起来才可能在将来直接或间接地产生净现金流入。预期不能带来经济利益的，就不能确认为企业的资产。某项支出如果具有未来的经济利益的全部或部分，它就可以作为企业的资产；否则，就只能作为费用或损失。同样，企业已经取得的某项资产，如果其内涵的未来经济利益已经不复存在，就应该将其剔除。

想一想

长江公司 2021 年 12 月 31 日购进一台全新的数控机床，用于替换原有的已达到报废期的旧机床。目前，新机床已承担全部的生产任务，旧机床不再使用。试问：现在不再使用的旧机床还是长江公司的固定资产吗？

2. 资产的分类

企业拥有的资产形态多样，在生产经营活动中的特点也各不相同。资产按照其流动性，可分为流动资产和非流动资产。

流动资产，是指可以在1年或者超过1年的一个营业周期内变现或被耗用的资产，主要包括各种现金、银行存款、短期投资、应收及预付款项、待摊费用、存货等。

非流动资产，是指流动资产以外的资产。非流动资产主要包括固定资产、无形资产、在建工程等。

（二）负债

1. 负债的概念和特征

负债是指企业过去的交易或者事项形成的、预期会导致经济利益流出企业的现时义务。负债具有以下特征：

（1）负债是由过去的交易或者事项形成的现时义务。也就是说，导致负债的交易或事项必须已经发生，例如，购置货物或使用劳务而发生的应付账款，接受银行贷款产生的偿还贷款的义务等。只有源于已经发生的交易或事项，会计才有可能确认为负债。

辨一辨

现时义务是指企业在现行条件下已承担的义务。未来发生的交易或者事项形成的义务不属于现时义务，不应当确认为负债。

（2）现时义务的履行必然会导致经济利益的流出。负债通常是在未来某一时日通过交付资产或提供劳务来清偿的。导致经济利益流出企业的形式多种多样，例如，现金偿还、以实物资产偿还、以提供劳务偿还或以举借新债偿还等。

想一想

某家电公司制订了一项政策，即“对售出的家电商品三个月内包换、一年内保修、终身维护”，这项服务承诺应当确认为一项负债吗？

2. 负债的分类

为了便于分析企业的财务状况和偿债能力，企业的负债应当按其流动性，划分为流动负债和非流动负债。划分流动动负债和非流动负债的标准是偿付时间的长短。

流动负债，是指将在1年或超过1年的一个营业周期内偿还的债务，包括应付账款、应付票据、应交所得税、应付投资者的利润等。

非流动负债，是指偿还期在1年或超过1年的一个营业周期以上的债务，包括长期借款、应付债券、长期应付款等。

练一练

长江公司2021年年底有关情况如下：①2021年1月4日向银行借入一年期借款

200万元，将要到期，尚未归还；②2021年4月从甲公司购入商品一批，价格为98万元，货款尚未支付；③2021年9月，乙公司向法院起诉本公司，要求赔偿34万元，法院尚未审理宣判；④2021年11月公司财务处作出2022年银行借款计划，计划向银行借款500万元；⑤2021年11月应向职工发放工资17万元，因资金紧张，至年底尚未发放。请分析，上述哪些属于长江公司的负债？哪些不属于长江公司的负债？为什么？

（三）所有者权益

对于任何企业而言，其资产形成的资金来源不外乎两个——债权人和投资人。债权人对企业资产的要求权形成企业的负债（债权人权益），投资人对企业资产的要求权形成企业的所有者权益。因此，所有者权益实质上是指所有者在企业资产中享有的经济利益，其金额为资产减去负债后的余额。

1. 所有者权益的概念

《企业会计准则——基本准则》第二十六条规定："所有者权益是指企业资产扣除负债后由所有者享有的剩余权益。公司的所有者权益，又称为股东权益。"所有者权益包括实收资本（股份有限公司中称为股本）、资本公积、盈余公积和未分配利润。一般而言，实收资本和资本公积是由所有者直接投入的。而盈余公积和未分配利润是企业的留存收益。

2. 所有者权益的特征

（1）除非发生减资或清算，企业不需要偿还所有者权益，它基本上是企业可以永久利用的一笔资本。

（2）企业清算时，只有在清偿所有的负债后，所有者权益才能返还给所有者。所有者在分配被清算企业剩余财产的末位次序，决定了所有者承担着比债权人更大的风险。

（3）所有者凭借所有者权益能够参与利润的分配。

3. 所有者权益的分类

所有者权益包括实收资本（或者股本）、资本公积、盈余公积和未分配利润（图1-4）。

（1）实收资本是指投资者按照企业章程或合同、协议的约定，实际投入企业的资本。它是企业注册成立的基本条件之一，也是企业承担民事责任的财力保证。

（2）资本公积是指归企业所有者共有的资本。它包括企业收到投资者出资超过其在注册资本或股本中所占份额的部分以及直接计入所有者权益的利得和损失等。

其中：利得是指由企业非日常活动所形成的、会导致所有者权益增加的、与所有者投入资本无关的经济利益的流入，如他人的赠予等；损失是指由企业非日常活动所发生的、会导致所有者权益减少的、与向所有者分配利润无关的经济利益的流出，如因自然灾害而遭受的财产损失等。

（3）盈余公积是指企业按照有关规定从税后利润中提取的各种公积金，包括法定盈余公积、任意盈余公积等。

（4）未分配利润是指企业留存于以后年度分配或本年度待分配的利润。盈余公积和未分配利润又统称为留存收益。

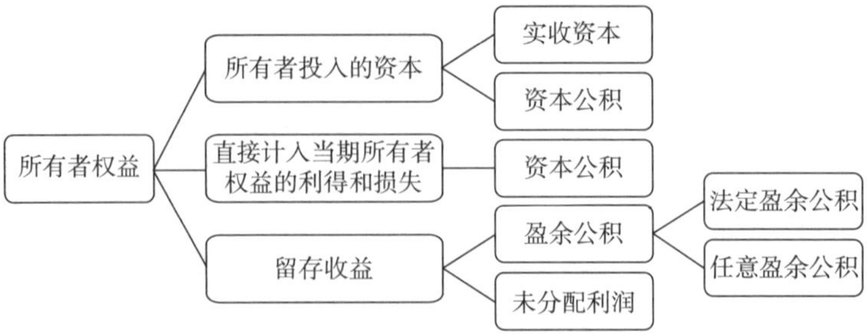

图 1-4　所有者权益的分类

（四）收入

1. 收入的概念

收入是企业在日常活动中形成的、会导致所有者权益增加的、与所有者投入资本无关的经济利益的总流入。

2. 收入的特征

（1）收入从企业的日常活动中产生，而不是从偶发的交易或事项中产生。所谓日常活动，是指企业为了完成其经营目标所从事的所有活动，以及与之相关的其他活动，即企业营业执照上规定的法定业务范围。例如，工商企业的收入是从其销售商品、提供工业性劳务等日常活动中产生的，而不是从处置固定资产等非正常活动中产生的。

（2）收入可能表现为企业资产的增加，例如增加银行存款、应收账款等；也可能表现为企业负债的减少，例如以商品或劳务抵偿债务；或者二者兼而有之，例如商品销售的货款中部分抵偿债务，部分收取现金。

（3）收入能导致企业所有者权益的增加。收入能增加资产或减少负债，或二者兼而有之。因此，企业取得收入一定能增加所有者权益。但收入扣除相关成本费用后的净额，则可能增加所有者权益，也可能减少所有者权益。这里仅指收入本身导致的所有者权益的增加，而不是指收入扣除相关成本费用后的毛利对所有者权益的影响。

（4）收入只包括本企业经济利益的流入，不包括为第三方或客户代收的款项，例如企业代国家收取增值税，商业银行代委托贷款企业收取利息，旅行社代客户购买门票、飞机票而收取票款等。

3. 收入的分类

按企业经营业务的主次，可以分为主营业务收入和其他业务收入。不同行业的主营业务收入所包括的内容不同。

主营业务收入一般占企业收入的比重较大，对企业的经济效益产生较大的影响。其他业务收入一般占企业收入的比重较小，包括包装物出租收入等。

（五）费用

1. 费用的概念

费用是指企业在日常活动中发生的、会导致所有者权益减少的、与向所有者分配利润无关的经济利益的总流出。

2. 费用的特征

（1）费用是企业在日常活动中发生的经济利益的流出，而不是从偶发的交易或事项中发生的经济利益的流出。例如，工业企业缴纳水电费等所发生的经济利益的流出就属于费用的范畴。有些交易或事项虽然也能使企业发生经济利益的流出，但由于不属于企业的日常经营活动，所以其经济利益的流出不属于费用。例如，罚款支出、捐赠支出等。

（2）费用最终将会减少企业的资源。费用发生的形式多种多样，既可能表现为资产的减少，如用现金支付管理人员薪酬；也可能表现为负债的增加，如企业承担长期借款利息；还可能表现为二者兼而有之，如购买办公用品支付部分现金，同时承担部分债务。但不管形式如何，最终的结果是企业资源的减少，这种减少具体表现为企业的资金支出，从这个意义上说，费用本质上是企业的一种资产的流出。它与资产流入企业所形成的收入相反。

（3）费用最终会减少企业的所有者权益。通常，企业的资金流入会增加企业的所有者权益，资金的流出减少所有者权益，形成企业的费用。但是，企业经营过程中，有的支出是不应归入费用的。例如，企业以银行存款偿还一项债务，只是一项资产和一项债务的等额减少，对所有者权益没有产生影响，因此不构成费用。

3. 费用的分类

费用按照是否构成产品成本分为生产费用和期间费用。

（1）生产费用是指为生产产品和提供劳务而发生的能够予以对象化的、构成产品成本或劳务成本的费用，主要包括为产品生产所发生的直接材料、直接人工、其他直接费用和企业内部生产经营单位为组织管理生产经营活动而发生的各项间接费用等。

（2）期间费用是指与产品无直接或间接关系，不能予以对象化、应从当期收入中得到补偿的费用。例如，企业行政管理部门为组织管理生产经营活动而发生的管理费用、财务费用，为销售商品和提供劳务而发生的销售费用等。

练一练

某食品厂 2021 年 8 月购买面粉、奶油、糖等材料共计 40 000 元，发生工资支出 28 000元，支付水电费 2 600 元、利息 3 000 元、广告费 20 000 元，问：该食品厂 8 月共发生多少费用？其中应计入成本的费用为多少？

（六）利润

1. 利润的概念

利润是企业在一定会计期间的经营成果。利润包括收入减去费用后的净额、直接计入当期利润的利得和损失等。

2. 利润的构成

利润包括收入减去费用后的净额、直接计入当期利润的利得和损失。对利润进行核算，可及时反映企业在一定会计期间的经营业绩和获利能力，反映企业的投入产出效率和经济效益，有助于企业投资者和债权人据此进行盈利预测，评价企业经营绩效，作出正确的决策。

利润包括营业利润、利润总额和净利润：

营业利润＝营业收入－营业成本－税金及附加－销售费用－管理费用

－财务费用－资产减值损失＋公允价值变动收益＋投资收益

利润总额＝营业利润＋营业外收入－营业外支出

净利润＝利润总额－所得税

三、会计等式

（一）会计等式的含义

会计等式，也称为会计恒等式或会计平衡式，是指利用数学等式，对会计要素或会计项目之间的内在经济联系所作出的概括和科学的表达。

（二）会计基本等式

1. 反映财务状况的等式

资产＝负债＋所有者权益

这是最基本的会计等式。如上所述，资产是由于过去的交易或事项所引起，能为企业带来未来经济利益的资源。企业的资产来源于所有者的投入资本和债权人的借入资金及其在生产经营中所产生的效益，它们分别归属于所有者和债权人，归属于所有者的部分形成所有者权益；归属于债权人的部分形成债权人权益（即企业的负债）。企业的资产来源于权益，因此，资产对其提供者承担着满足其要求权的经济责任。

资产与权益反映了同一资源的两个不同方面，即一方面是归会计主体拥有或者控制的各种形态的资产，如房屋、建筑物、机器设备、原材料、产成品、货币资金等；另一方面是资源提供者对资产的一系列要求的权益，资产表示企业拥有或控制资源的种类和数量，权益则表示资产的来源，即资产由谁提供，归谁所有。资产与权益是同一事物的两个方面，二者之间存在着相互依存、相互制约的关系。没有资产就没有权益，同样没有权益也就没有资产，二者不能彼此分割而独立存在。因此，二者在数量上一定相等，即一个企业有多少资产，也就必定有多少权益；反之，有多少权益，也就必然有多少资产。二者之间的数量关系可以表达为：资产＝权益。

在现代企业中，筹集资金的方式除了投资人对企业的投资外，还包括举债。企业可以向银行等金融机构借款，也可以通过发行公司债券向社会公众筹集资金。这些款项都有约定的支付期限，但在尚未到期偿还前，企业还可以自由运用，形成购置企业资产的一项资金来源。凡是向企业提供借款的称为企业的债权人，企业则为债务人。

企业的投资人和债权人把资产投入企业，因此对企业的资产就享有一定的权利，如收回本金和获取投资报酬的权利等，这种权利在会计上统称为权益。债权人和投资人两者的权益具有明显的区别。作为债权人，将资产提供给企业后，一般要求债务人到期偿还债务的本金，并按约定支付利息，因此，会计上将债权人权益称为负债；投资人将资产投入企业供其长期使用来分享企业的利润，获取更高的报酬，称为所有者权益，在数量上等于企业的全部资产减去全部负债的余额。

2. 反映经营成果的等式

利润＝收入－费用

随着企业经营活动的进行，在一个会计期间，企业一方面取得各类收入，另一方面也必然会发生与取得收入相关的各种费用。广义而言，企业一定时期所获得的收入扣除所发生的各项费用后的余额，即表现为利润。

收入、费用和利润的上述关系是编制利润表的基础。“资产＝债权人权益＋所有者权益”是在静止状态下观察企业资金占用（资产）与资金来源（负债和所有者权益）之间的数量关系所得到的结果。“利润＝收入－费用”表示的是企业生产经营活动所引起的资金运动过程。

下面联系收入、费用、利润的增减变动情况观察其对会计等式的影响情况。在取得收入、发生费用的同时，会有以下的会计要素变动情况：

（1）取得了收入，会表现为资产要素和收入要素同时增加，或者是在增加收入时减少负债。

（2）发生了费用，会表现为费用要素的增加和资产要素的减少，或者是增加费用同时增加负债。

（3）在会计期末，收入减去费用计算出的利润按规定程序进行分配以后，其留归企业部分（如盈余公积金）和未分配部分仍为所有者权益的增加；反之，如若发生亏损则为所有者权益的减少，变化后的会计等式仍会保持平衡。

将上述变化用等式表示，则有下列扩展的会计等式：

资产＋费用＝负债＋所有者权益＋收入

资产＝负债＋所有者权益＋利润（收入－费用）

在会计期末，利润或亏损归入所有者权益之后，等式又恢复为：

资产＝负债＋所有者权益

（三）经济业务及其对会计等式的影响

企业在经营过程中，不断发生各种经济业务，如购买材料、支付工资、销售产品、上缴税金等。这些业务在会计上称作“会计事项”，其发生会对有关会计要素产生影响。但是，无论发生什么经济业务，都不会破坏上述资产与负债和所有者权益各会计要素之间的平衡关系。

1. 经济业务的基本类型

经济业务发生后，引起各项资产、负债和所有者权益的增减变动，主要有以下四种类型（图 1－5）。

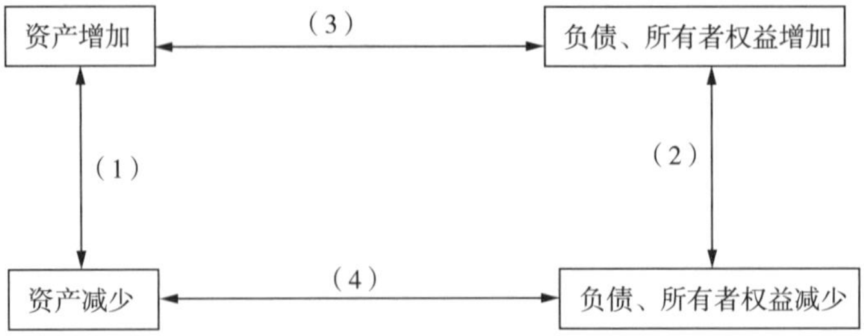

图 1－5　会计要素增减图

（1）经济业务的发生，引起资产项目之间此增彼减，增减金额相等。

（2）经济业务的发生，引起负债和所有者权益项目之间此增彼减，增减金额相等。

（3）经济业务的发生，引起资产项目和负债与所有者权益项目同时增加，双方增加的金额相等。

（4）经济业务的发生，引起资产项目和负债与所有者权益项目同时减少，双方减少的金额相等。

2. 经济业务类型影响会计等式的规律

每项经济业务发生后，至少要影响会计等式中的两个会计要素（或一个要素中的两个项目）发生增、减变化。将上述四种类型具体化，可表现出对会计等式影响的以下九种情况（表 1－2）：

（1）资产项目一增一减，增减金额相等，保持平衡。

（2）负债项目一增一减，增减金额相等，保持平衡。

（3）所有者权益项目一增一减，增减金额相等，保持平衡。

（4）负债增加、所有者权益减少，保持平衡。

（5）所有者权益增加、负债减少，保持平衡。

（6）资产增加、负债增加，保持平衡。

（7）资产增加、所有者权益增加，保持平衡。

（8）资产减少、负债减少，保持平衡。

（9）资产减少、所有者权益减少，保持平衡。

表 1－2　经济业务对会计等式影响的九种情况

经济业务	资　产	＝	负　债	＋	所有者权益
1	增加、减少				
2			增加、减少		
3					增加、减少
4			增加		减少
5			减少		增加

（续表）

经济业务	资　产	＝	负　债	＋	所有者权益
6	增加		增加		
7	增加				增加
8	减少		减少		
9	减少				减少

3. 经济业务类型影响会计等式平衡关系的分析

（1）经济业务的发生只影响会计等式一方要素发生有增有减的变化，双方总额不变，等式保持平衡。

（2）经济业务的发生影响会计等式双方要素发生同增或同减的变化，双方总额或增或减，但等式仍然保持平衡。

下面，通过举例来加以说明。

（1）资产、权益变动对会计等式的影响

长江公司成立时，拥有资产 18 000 000 元，其中甲、乙两投资人共投资 16 000 000 元，从银行借入 2 000 000 元。企业成立之时，资产、负债和所有者权益之间的关系是

18 000 000 元（资产）＝2 000 000 元（负债）＋16 000 000 元（所有者权益）

成立之后发生了以下一些经济业务：

① 引起资产和权益项目同时增加相同金额的经济业务。

【例 1－1】公司购入机器一台，价值 250 000 元，款项暂时未支付。

分析：购入机器，使资产增加 250 000 元，但由于未付款，负债也同时增加 250 000元，使会计等式两边同时发生增加，且增加金额相等，会计等式的恒等关系不变。即

资产＝负债＋所有者权益

1800 000＋250 000＝（2 000 000＋250 000）＋16 000 000

18250 000＝2 250 000＋16 000 000

② 引起资产和权益项目同时减少相同金额的经济业务。

【例 1－2】数日后，公司用银行存款 100 000 元归还部分购机器款。

分析：用存款归还机器款，使银行存款这一资产减少 100 000 元，同时负债减少 100 000 元，因此，会计等式两边同时发生减少，且减少金额相等，会计等式的恒等关系不变。即

资产＝负债＋所有者权益

18 250 000－100 000＝（2 250 000－100 000）＋16 000 000

18 150 000＝2 150 000＋16 000 000

③ 引起资产项目之间发生一增一减相同金额的经济业务。

【例 1-3】公司用银行存款购入材料一批，价值 70 000 元。

分析：用存款购入材料，使材料这一资产增加 70 000 元，但同时使银行存款这一资产减少了 70 000 元，且因为增减金额相等，会计等式的恒等关系不变。即

资产＝负债＋所有者权益

18 150 000＋70 000－70 000＝2 150 000＋16 000 000

18 150 000＝2 150 000＋16 000 000

④ 引起权益项目之间发生一增一减相同金额的经济业务。

【例 1-4】前欠甲公司货款 150 000 元，经协商转作甲对企业的投资。

分析：欠款转作投资，使投入资本这一所有者权益增加 150 000 元，但同时欠款已转销，负债减少 150 000 元，且增减金额相等，会计等式的恒等关系不变。即

资产＝负债＋所有者权益

18 150 000＝（2 150 000－150 000）＋（16 000 000＋150 000）

18 150 000＝2 000 000＋16 150 000

（2）收入、费用变动对会计等式的影响

【例 1-5】接上例，公司赊销产品一批，售价 63 000 元，暂不考虑增值税。

分析：该项经济业务的发生，一方面使收入增加 63 000 元，另一方面使资产增加 63 000 元，会计等式仍然保持平衡关系。即

资产＋费用＝负债＋所有者权益＋收入

（18 150 000＋63 000）＝2 000 000＋16 150 000＋63 000

18 213 000＝2 000 000＋16 150 000＋63 000

【例 1-6】该公司购买办公用品 6 800 元，用现金支付。

分析：该项经济业务的发生，一方面使费用增加 6 800 元，另一方面使资产减少 6 800元。该项经济业务使得扩展会计等式左边的资产和费用要素一增一减，且增减金额相等，会计等式仍然保持平衡关系。即

资产＋费用＝负债＋所有者权益＋收入

（18 213 000－6 800）＋6 800＝2 000 000＋16 150 000＋63 000

18 213 000＝2 000 000＋16 150 000＋63 000

以上例子说明，在一个公司里，交易和事项虽然纷繁复杂，但始终都不会破坏会计等式的平衡关系。

拓展阅读

资产＝负债＋所有者权益，这一等式，称为财务状况等式。可以将其变形为经营人生的人生价值等式，人生价值＝责任＋资本，其中负债便是每个人所要承当的责任，而所有者权益则可看为一个人实现人生价值的各种资本（资源）。

从这个等式分析，人生价值的实现不仅取决于自己拥有的资源，还要加上所负担的责任。要使人生价值的重量足够大，不仅要在资本中加入砝码，同时也要在责任中加入足够的砝码。自己所拥有的资源，有的在出生时已经注定，有的则是随着人生的进程不断变化的。与生俱来的资本我们也许无法选择与改变，但是不论起点如何，每个人都拥有机会来经营自己的人生。我们可以通过后天的努力为自己人生价值的实现加上一些宝贵的砝码，比如感恩、友善、勤奋等。对于责任，每个人在自己人生的旅途中总会肩负起各种责任，比如在得到父母爱护的同时担负起了赡养父母的责任，享受朋友情谊的同时承担了守望相助的责任，在收获爱情的同时必须负起了组建、维护家庭的责任。总之，在人生价值的一端增添一块砝码，同样另一端的责任也要加上同样的砝码。

收入－费用＝利润，这一会计等式，称为财务成果等式，不妨将其变形为快乐－愁苦＝成功人生。每个人都对成功有着不同的定义，其实人生这本账很简单，只有两个账本——事业账本和生活账本。事业账本包括工作、财富等，生活账本中包括亲情、爱情、友情等。事业步步高、财富滚滚来，这样的人生是否就是成功的人生呢？看似简单的答案，其实不简单，事业顺利、财源广进的人不一定就是快乐的，也许为了得到这些的同时放弃了亲情、爱情、友情，给关心、爱护自己的亲朋好友带去了愁苦，这样的人生不一定成功。一句歌词唱得好“不以成败论英雄”，生活的意义就是让自己快乐，让爱我与我爱的人快乐。所以在看待人生时，我们不妨把快乐看作是收入，把愁苦看作支出。这样一来人生这笔账就简单了，当自己及身边的人收获的快乐大于愁苦时，人生就赚了，这样的人生便是一个值得拥有的、成功的人生。

任务实施

假设2021年9月，张丽在学校附近买了一个店面想开一家打印店，一次性支付门面费100 000元；经预算自有资金不足，从银行贷款50 000元，期限为3年，年利率6%；花费10 000元买了两台电脑，2 000元买了一台打印机，30 000元买了一台复印机；买各种纸张又花了8 000元；雇用了两名工作人员，每月工资1 000元；开始营业后，每天营业收入500元，每月需要交各种税费1 500元。请你帮张丽分析一下开业之初这家打印店的财务状况，以及一个月的预计经营成果。

解析：

1. 开业之初的财务状况：

资产：门店、电脑、打印机、复印机，共142 000元。

负债：贷款50 000元。

所有者权益：142 000－50 000＝92 000元。

2. 一个月后的经营成果：

收入：15 000 元。

费用：工资、税费、纸张，共 11 500 元。

利润：15 000－11 500＝3 500 元。

项目一　客观题　　项目一　主观题

项目二　会计记账方法

学银在线微课

知识目标

1. 掌握会计科目的概念、分类和设置要求
2. 掌握账户的概念、分类和结构
3. 掌握借贷记账法的理论依据和基本内容
4. 熟悉会计分录的编制步骤

技能目标

1. 能够合理设置特定企业的会计科目
2. 能够正确区分不同账户的类型与结构
3. 能够正确运用借贷记账法编制会计分录

思政目标

1. 能够用唯物辩证法的思想看待借贷记账法
2. 增强学生的文化自信

任务一　会计科目

任务引入

长江公司和黄河公司都是从事数码产品生产销售的企业。2021 年 12 月长江公司销售产品取得收入 50 万，产品成本 20 万，支付违规罚款 2 万元。黄河公司 12 月因受疫情影响，产品销售收入 20 万元，获得捐赠 40 万元，产品成本 5 万元。根据两家公司的生产经营情况，张丽决定选择一家企业进行投资，请你帮她进行分析吧。

任务分析

从资金净流入来看，黄河公司好于长江公司。但是，通过分析发现，黄河公司的资金主要来源于捐赠。那么接受捐赠所得和经营所得有什么区别呢？判断一家企业经营情况的重点是哪一种所得呢？为解决这个问题，我们先来学习一下会计科目。

知识学习

一、会计科目概念与分类

（一）会计科目的概念

企业经济业务的内容多种多样，包括筹资、投资、采购、生产和销售等，它们所引起的各个会计要素的内部构成以及各会计要素之间的变化情况错综复杂，表现也是多种多样。如果仅仅使用资产、负债、所有者权益、收入、费用和利润这六个会计要素来记录经济业务，则提供的会计信息就过于综合，不利于会计信息使用者了解企业的具体经营状况。

为了对会计要素的具体内容进行核算和监督，需要根据其各自的不同特征，分门别类地确定具体的核算项目。由于会计要素所反映的经济内容有很大不同，在经营管理中就会有不同的要求，因而，在会计核算中除了要按照各会计要素的不同特征分类，还应该根据经营管理的要求进行系统的分类、设置会计科目。

会计科目，简称科目，是对会计要素的具体内容进行分类核算的项目。会计对象、会计要素与会计科目之间的关系如图 2－1 所示。

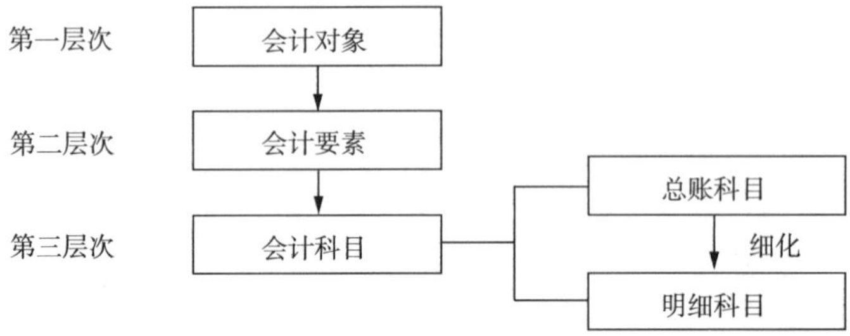

图 2－1　会计对象、要素与会计科目之间的关系

（二）会计科目的分类

会计科目可按其反映的经济内容（即所属会计要素）、所提供信息的详细程度及其统驭关系分类。

1. 按反映的经济内容分类

企业的经济活动是通过资产、负债、所有者权益、收入、费用、利润会计要素的增减变化体现出来的，各个会计要素既有其特定的经济内容，又是互相联系的。因此，会计科目按其反映的经济内容不同，可以分为资产类科目、负债类科目、共同类科目、所有者权益类科目、成本类科目和损益类科目。

（1）资产类科目是对资产要素的具体内容进行分类核算的项目。按资产的流动性分为反映流动资产的科目和反映非流动资产的科目。反映流动资产的科目有“库存现金”“银行存款”“原材料”“应收账款”“库存商品”等；反映非流动资产的科目有“长期应收款”“固定资产”“在建工程”“无形资产”和“长期待摊费用”等。

（2）负债类科目是对负债要素的具体内容进行分类核算的项目。按负债的偿还期限分为反映流动负债的科目和反映非流动负债的科目。反映流动负债的科目有“短期借款”“应付账款”“应付职工薪酬”“应交税费”等；反映非流动负债的科目有“长期借款”“应付债券”“长期应付款”等。

（3）共同类科目是既有资产性质又有负债性质的科目，主要科目有“清算资金往来”“外汇买卖”“衍生工具”“套期工具”“被套期项目”等。

（4）所有者权益类科目是对所有者权益要素的具体内容进行分类核算的项目。按所有者权益的形成和性质可分为反映资本的科目和反映留存收益的科目。反映资本的科目有“实收资本”（或“股本”）、“资本公积”等；反映留存收益的科目有“盈余公积”“本年利润”“利润分配”等。

（5）成本类科目是对可归属于产品生产成本、劳务成本等的具体内容进行分类核算的项目。按成本的内容和性质的不同可以分为反映制造成本的科目、反映劳务成本的科目等。反映制造成本的科目有“生产成本”“制造费用”等；反映劳务成本的科目有“劳务成本”等。

（6）损益类科目是对收入、费用等的具体内容进行分类核算的项目。反映收入的科目有“主营业务收入”“其他业务收入”等；反映费用的科目有“主营业务成本”“其他业务成本”“管理费用”“财务费用”“销售费用”“所得税费用”等。

2. 按照提供会计信息的详细程度及其统驭关系分类

在设置会计科目的时候，要兼顾对外报告信息和企业内部经营管理的需要，并根据所需提供信息的详细程度及其统驭关系的不同分设总分类科目和明细分类科目。

（1）总分类科目。总分类科目又称总账科目或一级科目，是对会计要素的具体内容进行总括分类，提供总括会计信息的会计科目。例如，“原材料”科目，为会计信息使用者提供了企业原材料总括的价值信息。

（2）明细分类科目。明细分类科目又称明细科目，是对总分类科目进一步分类，提供更加详细信息的会计科目。例如，“原材料”科目可以根据材料的类别设置“原料及主要材料”“辅助材料”“燃料”等明细科目。

总分类科目总括地反映会计要素的具体内容，明细分类科目详细地反映会计要素的具体内容。总分类科目对明细分类科目有统驭的作用，明细分类科目是对总分类科目的补充和说明。其相互关系如表 2-1 所示。

表 2-1 总分类科目和明细分类科目的关系

<table>
<tr><th rowspan="2">总分类科目
（一级科目）</th><th colspan="2">明细分类科目</th></tr>
<tr><th>二级科目</th><th>三级科目</th></tr>
<tr><td rowspan="4">原材料</td><td rowspan="2">原材料及主要材料</td><td>××材料</td></tr>
<tr><td>××材料</td></tr>
<tr><td rowspan="2">燃料</td><td>煤</td></tr>
<tr><td>电</td></tr>
</table>

二、会计科目设置原则

设置会计科目是会计核算中的一项重要工作，它是填制会计凭证和设置账户的依据，也是编织会计报表的基础。设置会计科目时，应该遵循以下几项原则。

1. 合法性原则

合法性原则是指所设置的会计科目应当符合国家统一的会计制度的规定。在我国，总分类科目原则上由财政部统一规定，在不影响会计核算要求以及对外提供统一财务会计报表的前提下，企业可以根据自身的生产经营特点，自行增设、减少或合并某些会计科目。

2. 相关性原则

相关性原则是指所设置的会计科目应当为提供有关各方所需要的会计信息服务，满足对外报告与对内管理的要求。

3. 实用性原则

实用性原则是指所设置的会计科目应符合单位自身特点，满足单位实际需要。例如，对于制造业，由于主要的经营活动是制造产品，因而需要设置反映生产耗费的科目，如“生产成本”等；还需要设置反映生产成果的科目，如“库存商品”等。而对于商品流通企业而言，由于主要的经营活动是购进和销售商品，不进行产品生产，因而一般不需要设置“生产成本”科目，但需要设置反映商品采购、商品销售，以及在购、销、存等环节发生的各项费用的会计科目。

小提示

注意区分会计科目设置的三个原则与会计信息质量要求的八个原则，避免混淆。

三、会计科目设置内容

工业企业常用会计科目如表 2-2 所示。

表 2-2　工业企业常用会计科目表

编号	会计科目名称	编号	会计科目名称
	一、资产类	2221	应交税费
1001	库存现金	2231	应付利息
1002	银行存款	2232	应付股利
1012	其他货币资金	2241	其他应付款
1101	交易性金融资产	2501	长期借款
1121	应收票据	2502	应付债券
1122	应收账款	2701	长期应付款
1123	预付账款	2801	预计负债
1131	应收股利	2901	递延所得税负债

（续表）

编号	会计科目名称	编号	会计科目名称
1132	应收利息		三、共同类
1221	其他应收款	3101	衍生工具
1231	坏账准备	3201	套期工具
1401	材料采购		四、所有者权益
1402	在途物资	4001	实收资本
1403	原材料	4002	资本公积
1405	库存商品	4101	盈余公积
1471	存货跌价准备	4103	本年利润
1511	长期股权投资	4104	利润分配
1512	长期股权投资减值准备		五、成本类
1531	长期应收款	5001	生产成本
1601	固定资产	5101	制造费用
1602	累计折旧		六、损益类
1603	固定资产减值准备	6001	主营业务收入
1604	在建工程	6051	其他业务收入
1605	工程物资	6101	公允价值变动损益
1606	固定资产清理	6111	投资收益
1701	无形资产	6115	资产处置损益
1702	累计摊销	6117	其他收益
1703	无形资产减值准备	6301	营业外收入
1711	商誉	6401	主营业务成本
1801	长期待摊费用	6402	其他业务成本
1811	递延所得税资产	6403	税金及附加
1901	待处理财产损溢	6601	销售费用
	二、负债类	6602	管理费用
2001	短期借款	6603	财务费用
2101	交易性金融负债	6701	资产减值损失
2201	应付票据	6702	信用减值损失
2202	应付账款	6711	营业外支出
2203	预收账款	6801	所得税费用
2211	应付职工薪酬	6901	以前年度损益调整

练一练

昌龙钢铁控股有限公司是一家以钢材、水泥生产为主的大型国有企业，资产总额250亿元，年销售额65亿元，职工人数21 000人。

请问：

1. 该企业在设置会计科目时应选择的会计制度是《小企业会计准则》还是《企业会计准则》?

2. 该企业在设置会计科目时，需要设置明细科目吗？请举例说明。

提示：

1. 根据资料，我们可以知道该企业是一家大型国有企业，在选用会计制度时应该严格按照《企业会计准则》来设置会计科目。

2. 鉴于该企业是大型的生产企业，日常核算比较复杂，所以应当在一级科目下适当增设二级科目和三级科目。例如，在一级科目“原材料”下，根据材料类别设置“原料及主要材料”“辅助材料”“燃料”等二级科目；在“燃料”二级科目下，可以根据燃料种类再设置“汽油”“柴油”“天然气”等三级科目。

拓展阅读

会计科目的秉性与故事

1. 最幸福的会计科目

会计上有一个最幸福的会计科目，它就是“预收账款”。你看，货还没出去，钱就进来了，而且还是急不可耐地将钱打进来，生怕晚了货就没了。虽说表面上看起来它属愁煞人的负债，但它其实属于未来的收入，永远不用还钱，什么时候想要增点收入，发点货就行了。

2. 最招人爱的会计科目

最招人爱的科目是“应付职工薪酬”，它计提得越多，你工资条上的钱也就越多。

3. 最单相思的会计科目

最单相思的会计科目是“应收账款”，总是盼星星、盼月亮，盼哪个“好心人”送“温暖”。

4. 最浪漫的会计科目

最浪漫的会计科目是“交易性金融资产”，它在名利场上跳啊跳，有时是慢四，有时是伦巴，有时就是疯狂的迪斯科。它从不恋旧，永远要按照所谓的“公允价值”计量。

5. 最谦虚的会计科目

最谦虚的会计科目是“预计负债”，损失还没有产生，就预先估计费用一起入账了。

——摘自马靖昊《玩的就是会计》

任务实施

长江公司和黄河公司都是从事数码产品生产销售的企业。2021年12月长江公司销售产品取得收入50万，产品成本20万，支付违规罚款2万元。黄河公司12月因受市场影响，产品销售收入20万元，获得捐赠40万元，产品成本5万元。根据两家公司的生产经营情况，张丽决定选择一家企业进行投资，请你帮她进行分析吧。

根据知识学习，我们了解了同样是资金流入，但是在会计上是有严格区别的。产品销售收入是主营业务收入，捐赠所得是营业外收入。我们判断一家企业经营情况，重点看主营业务收入。所以，张丽应该选择长江公司进行投资。

任务二　会计账户设置

任务引入

长江公司2021年12月初银行存款100万，在武汉地区销售产品5 000件，每件100元，取得收入50万元；发生退货100件，退款1万元。支付销售人员工资8万元，支付厂房租金5万元。除此之外，没有其他经济业务。请问长江公司2021年12月31日的银行存款是多少？

任务分析

要计算2021年12月31日银行存款的金额，那么就得知道12月收到了多少银行存款，同时支付出去多少银行存款。那么期初的银行存款余额与本月收到的银行存款、支付的银行存款之间存在什么样的关系呢，搞清楚它们之间的关系，这个任务自然就解决了。

知识学习

一、会计账户概念与分类

（一）会计账户的概念

会计科目只是对会计对象具体内容进行分类核算的项目，并不能进行具体的会计核算。为了全面、序时、连续、系统地反映和监督会计要素的增减变动，还必须设置账户。账户是根据会计科目设置的，具有一定的格式和结构，用于分类反映会计要素增减变动情况及其结果的载体。会计科目和账户是两个概念，人们常常将它们等同起来使用，这说明两者之间存在着密切的联系，有相同的一面；它们之所以是两个概念，说明两者存在着差异。

会计科目与账户的共同点：均是对会计对象具体内容的分类，两者核算内容一致，性质相同。会计科目是账户的名称，也是设置账户的依据；账户是根据会计科目来设置的，账户是会计科目的具体运用。因此，会计科目的性质决定了账户的性质，会计科目的分类决定了账户的分类。没有会计科目，账户便失去了设置的依据；没有账户，会计科目就无法发挥作用。

会计科目与账户的区别：会计科目仅仅是账户的名称，不存在结构，而账户则具有一定的格式和结构；会计科目仅仅反映经济内容是什么，而账户不仅反映经济内容是什么，而且系统地反映某项经济内容的增减变动及其余额；会计科目主要是用来开设账户、填制凭证的，而账户主要是提供某一具体会计对象的会计资料，用来编制财务报表。

（二）会计账户的分类

账户可根据其核算的经济内容、提供信息的详细程度及其统驭关系进行分类。

1. 根据核算的经济内容分类

根据核算的经济内容，账户分为资产类账户、负债类账户、共同类账户、所有者权益类账户、成本类账户和损益类账户六类（图 2－2）。

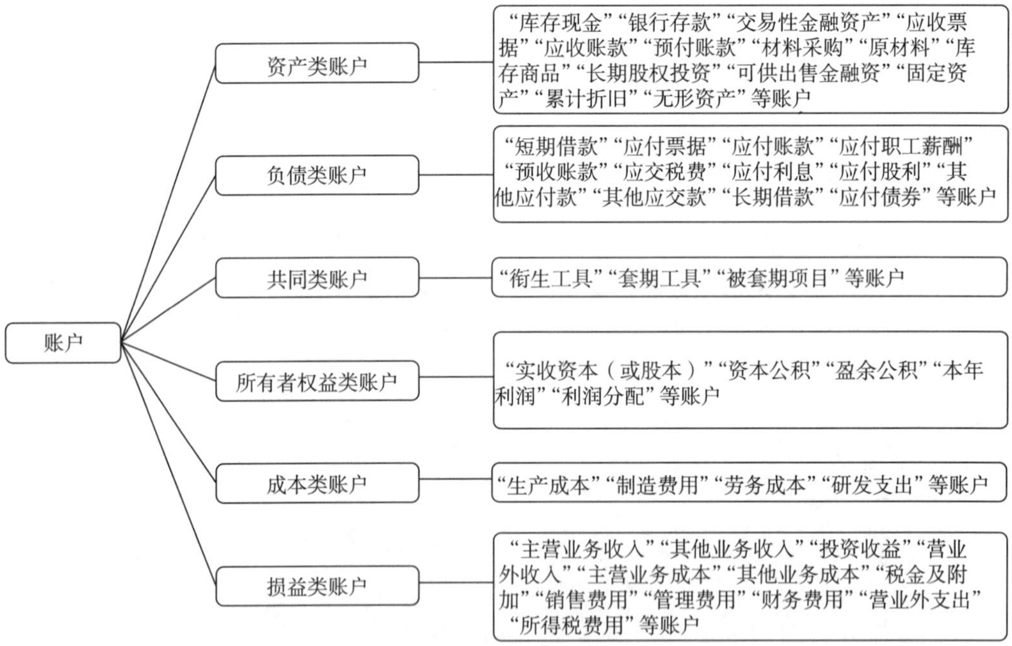

图 2－2　会计账户根据核算的经济内容分类

2. 根据提供信息的详细程度及其统驭关系分类

根据提供信息的详细程度及其统驭关系，账户分为总分类账户和明细分类账户。

（1）总分类账户又称一级账户，它是根据总分类会计科目设置的，是提供总括分类核算资料指标的账户，在总分类账户中只使用货币计量单位反映经济业务。总分类账户以下的账户称为明细分类账户。

（2）明细分类账户是根据明细分类科目设置的，是提供明细分类核算资料指标的账户，是对其总分类账户资料的具体化和补充说明。除用货币计量反映经济业务外，必要时还需要用实物计量或劳动计量单位从数量和时间上进行反映，以满足经营管理的需要。

二、会计账户的功能与结构

（一）会计账户的功能

会计账户的功能在于连续、系统、完整地提供企业经济活动中各会计要素增减变动及其结果的具体信息。其中，账户所提供的会计要素在特定会计期间增加和减少的金额，分别称为账户的“本期增加发生额”和“本期减少发生额”，二者统称为账户的“本期发生额”；会计要素在会计期末的增减变动结果，称为账户的“余额”，具体表现为期初余额和期末余额。

账户的期初余额、期末余额、本期增加发生额和本期减少发生额统称为账户的四个金额要素。对于同一账户而言，它们之间的基本关系为

$$期末余额=期初余额+本期增加发生额-本期减少发生额$$

账户的本期发生额说明特定资金项目在某一会计期间的变动状况，提供“动态”经济指标；账户余额说明特定资金项目在某一时日或某一时刻的存在状况，提供“静态”经济指标。

小提示

期初余额和期末余额：账户上期的期末余额转入本期，即为本期的期初余额；账户本期的期末余额转入下期，即为下期的期初余额。

（二）会计账户的结构

会计账户以会计科目作为名称，同时又具备一定的格式，即结构；而会计科目只是对会计要素的具体内容进行了分类，它只有分类的名称而没有一定的格式。会计账户的结构是指会计账户的组成部分及其相互关系。

每一个账户都可以分为“左”和“右”两方，一方登记增加，另一方登记减少。至于在账户左右两方中，哪一方登记增加额，哪一方登记减少额，取决于各账户所记录的经济业务内容和账户的性质。资产、成本、费用类账户借方登记增加额，贷方登记减少额；负债、所有者权益、收入类账户借方登记减少额，贷方登记增加额。账户的基本结构应同时具备以下内容：

（1）账户名称，即会计科目，用以说明账户核算的内容；

（2）日期，即所依据记账凭证中注明的日期；

（3）凭证号，即所依据记账凭证的编号；

（4）摘要，即交易或者事项内容的概括说明；

(5) 金额栏，即记录经济业务的增减变动金额及余额。

账户一般格式如表 2-3 所示。

表 2-3　账户名称（会计科目）　　单位：元

年		凭证编号	摘要	发生额		借或贷	余额
月	日			借方	贷方		

从账户名称、记录增加额和减少额的左右两方来看，账户结构在整体上类似于汉字“丁”和大写的英文字母“T”，因此，账户的基本结构在实务中被形象地称为“丁”字形账户或者“T”形账户。T 形账户的基本结构如图 2-3 所示。

图 2-3　“T”形账户图

拓展阅读

“帐”与“账”的由来

“帐”字本身与会计核算无关，在商代，人们把帐簿叫作“册”；从西周开始又把它更名为“籍”或“籍书”；战国时代有了“簿书”这个称号；西汉时，人们把登记会计事项的帐册称为“簿”。据现有史料考察，“帐”字引申到会计方面起源于南北朝。

南北朝时，皇帝和高官显贵都习惯到外地巡游作乐。每次出游前，沿路派人设置帏帐，帐内备有各种生活必需品及装饰品，奢侈豪华，供其享用，此种帏帐称之为“供帐”。供帐内所用之物价值均相当昂贵，薪费数额巨大，为了维护这些财产的安全，指派专门官吏掌管并实行专门核算。在核算过程中，逐渐把登记这部分财产及供应之费的簿书称为“簿帐”或“帐”，把登记供帐内的经济事项称为“记帐”。以后“簿帐”或“帐”之称又逐渐扩展到整个会计核算领域，后来的财计官员便把登记日用款目的簿书通称作“簿帐”或“帐”，又写作“账簿”或“账”。从此，“帐”和“账”就取代了一切传统的名称。现在又统一改作“账”。

任务实施

长江公司2021年12月初银行存款100万，在武汉地区销售产品5 000件，每件100元，取得收入50万元；发生退货100件，退款1万元。支付销售人员工资8万元，支付厂房租金5万元。除此之外，没有其他经济业务。请问长江公司2021年12月31日的银行存款是多少？

根据“银行存款期末余额＝期初余额＋本期增加额－本期减少额”，可以得到银行存款期末余额＝100＋（50－1）－（8＋5）＝136（万元）。

任务三 复式记账法

任务引入

2021年9月1日，大三学生陈帆和王梅合伙开了一家奶茶店，其中，陈帆出资50 000元，王梅出资30 000元。由于两人不懂会计，便请会计专业的张丽同学帮他们代理记账。奶茶店9月份的收支如下：

（1）9月1日，收到金额为80 000元的银行进账单一张，系陈帆和王梅的出资额。

（2）9月2日，陈帆从杭州出差回来，累计花费差旅费1 500元。

（3）9月3日，购买办公电脑一台，买价为5 000元。

（4）9月4日，开通电信网络，支付网络使用费1 000元。

（5）9月6日，采购水果500元，冲调剂1 000元，杯子200元，机器2 000元，均以银行存款支付。

（6）9月10日，销售A奶茶10杯，每杯10元；B奶茶15杯，每杯8元；C奶茶20杯，每杯5元；D奶茶5杯，每杯20元。

假设你是张丽同学，请帮她完成奶茶店9月份前10天的相关会计核算工作：

（1）请你帮助张丽设计奶茶店需要使用的会计科目；

（2）请对奶茶店9月1日—10日的相关业务编制会计分录，并进行记账。

任务分析

设计会计科目、编制会计分录是一名合格会计人员的基本功。要想正确设计会计科目，得先了解会计科目开设原则；要想正确编制会计分录，得先明确会计分录是什么，会计分录编制时的注意事项。

知识学习

为了对会计要素进行核算和监督，在按一定原则设置了会计科目与账户后，企业需要运用一定的记账方法将会计要素的增减变动登记在账户中。所谓的记账方法，就是指在账户中记录经济交易与事项的具体手段及方式。记账方法按记账方式的不同，分为单式记账法和复式记账法。

一、单式记账法

单式记账法是指对发生的每一项经济业务，只在一个账户中加以登记的记账方法。单式记账法不能全面、系统地反映各项会计要素的增减变动情况和经济业务的来龙去脉，也不便于检查账户记录的正确性和完整性。因为单式记账法的种种缺点，这种方法早已被淘汰，现代会计使用的是复式记账法。

二、复式记账法

（一）复式记账法的概念

复式记账法是指对于每一笔经济业务，都必须用相等的金额在两个或两个以上相互联系的账户中进行登记，全面系统地反映会计要素增减变化的一种记账方法。它是以会计的基本等式“资产＝负债＋所有者权益”为依据建立起来的一种科学记账方法。复式记账法是在单式记账法的基础上通过长期的会计实践逐步发展而形成的，是最基本、最主要的会计方法之一，是一种科学的记账方法，被世界各国广泛采用。

（二）复式记账法的优点

复式记账法与单式记账法相比，具有以下两个明显的优点：

1. 能够全面反映经济业务内容和资金运动的来龙去脉

复式记账法对于发生的每一笔经济业务，都要在两个或两个以上相互联系的账户中同时登记。这样，账户记录不仅可以全面、清晰地反映经济业务的来龙去脉，而且还能通过会计要素的增减变动，系统地反映经济活动的过程和结果。

2. 能够进行试算平衡，便于查账和对账

由于每项经济业务发生后，都要以相等的金额在有关账户中进行登记，因此，可以对账户记录的结果进行试算平衡，以便检查账户记录的正确性。

（三）复式记账法的种类

复式记账法根据记账符号不同，可分为借贷记账法、增减记账法和收付记账法三种。

借贷记账法以“借”和“贷”作为记账符号，是目前国际上通用的记账方法。我国《企业会计准则——基本准则》规定企业应当采用借贷记账法记账，《政府会计准则》也要求行政事业单位采用借贷记账法记账。

1. 借贷记账法的概念

借贷记账法是以“借”和“贷”作为记账符号的一种复式记账方法，即将发生的经济交易与事项所引起会计要素的增减变动以相等的金额，同时在相互关联的两个或者两个以上的账户中进行相互联系、相互制约的记录。借贷记账法起源于意大利，是世界上普遍采用的记账方法，目前已成为我国法定的记账方法。

小提示

“借”“贷”最初是从借资资本家角度而言的，表示债权债务的增减变动。随着时间的推移，这两个字已经逐渐失去了其最初的含义，转化为纯粹的记账符号。

2. 借贷记账法下账户的结构

(1) 借贷记账法下账户的基本结构

借贷记账法下，账户的左方称为借方，右方称为贷方。所有账户的借方和贷方按相反方向记录增加数和减少数，即一方登记增加额，另一方就登记减少额。至于“借”表示增加，还是“贷”表示增加，则取决于所记录经济内容的性质与账户的性质。

通常而言，资产、成本和费用类账户的增加用“借”表示，减少用“贷”表示；负债、所有者权益和收入类账户的增加用“贷”表示，减少用“借”表示。备抵账户的结构与所调整账户的结构正好相反。

(2) 资产和成本类账户的结构

在借贷记账法下，资产类、成本类账户的借方登记增加额，贷方登记减少额，期末余额一般在借方，有些账户可能无余额。其余额计算公式为

期末借方余额=期初借方余额+本期借方发生额-本期贷方发生额

资产类、成本类账户的结构如图 2-4 所示。

借方　　　　资产类、成本类　　　　贷方

期初余额 ××× 本期增加发生额 ×××	本期减少发生额 ×××
本期借方发生额合计数　×××	本期贷方发生额合计数　×××
期末余额 ×××	

图 2-4　资产类、成本类账户结构

(3) 负债和所有者权益类账户的结构

“资产=负债+所有者权益”这一会计等式，决定了负债及所有者权益类账户的结构与资产类账户的结构正好相反，在借贷记账法下，负债类、所有者权益类账户的借方登记减少额，贷方登记增加额，期末余额一般在贷方，有些账户可能无余额。其余额计算公式为

期末资方余额=期初贷方余额+本期货方发生额-本期借方发生额

负债、所有者权益类账户的结构如图 2-5 所示。

负债、所有者权益类

借方	贷方
本期减少发生额 ×××	期初余额 ××× 本期增加发生额 ×××
本期借方发生额合计数　×××	本期贷方发生额合计数　×××
	期末余额 ×××

图 2-5　负债、所有者权益类账户结构

(4) 损益类账户的结构

损益类账户主要包括收入类账户和费用类账户。损益类账户是为了计算损益而开设的，因此，会计期末应将收入、费用全额转出，计算利润。

① 收入类账户的结构

在借贷记账法下，收入类账户的借方登记减少额，贷方登记增加额。本期收入净额在期末转入“本年利润”账户，用以计算当期损益，结转后无余额。

收入类账户的结构如图 2-6 所示。

收入类

借方	贷方
本期减少发生额或转销　×××	本期增加发生额 ×××
本期借方发生额合计数　×××	本期贷方发生额合计数　×××

图 2-6　收入类账户结构

② 费用类账户的结构

在借贷记账法下，费用类账户的借方登记增加额，贷方登记减少额。本期费用净额在期末转入“本年利润”账户，用以计算当期损益，结转后无余额。

费用类账户的结构如图 2-7 所示。

费用类

借方	贷方
本期增加发生额 ×××	本期减少发生额或转销　×××
本期借方发生额合计数　×××	本期贷方发生额合计数　×××

图 2-7　费用类账户结构

综上所述，各类账户的基本结构如表 2-4 所示。

表 2-4 借贷记账法下各类账户的基本结构

账户类别	借方	贷方	余额方向
资产类账户	增加	减少	借方
负债类账户	减少	增加	贷方
所有者权益类账户	减少	增加	贷方
收入类账户	减少（或转销）	增加	一般无余额
费用类账户	增加	减少（或转销）	一般无余额
成本类账户	增加	减少（或转销）	借方

练一练

说一说资产类、负债类、所有者权益类、成本类和损益类账户之间的异同。

3. 记账规则

记账规则是指采用某种记账方法登记具体经济业务时应当遵循的规律。借贷记账法的记账规则是“有借必有贷，借贷必相等”，即当发生经济业务时，企业必须按照相同的金额，一方面记入一个或几个账户的借方，另一方面同时记入一个或几个账户的贷方，借方金额合计与贷方金额合计必须相等。下面举例说明借贷记账法下的记账规则。

【例 2-1】指出项目一中例 1-1～例 1-6 经济业务发生涉及的账户及方向。

(1) 公司购入机器一台，价值 250 000 元，款项暂时未支付。

这项经济业务，一方面引起资产要素中的“固定资产”项目增加 250 000 元，应记借方；另一方面引起负债要素中的“应付账款”项目增加 250 000 元，应记贷方。

(2) 公司用银行存款 100 000 元归还部分购机器款。

这项经济业务，一方面引起资产要素中的“银行存款”项目减少 100 000 元，应记贷方；另一方面引起负债要素中的“应付账款”项目减少 100 000 元，应记借方。

(3) 公司用银行存款购入材料一批，价值 70 000 元。

这项经济业务，一方面引起资产要素中的“原材料”项目增加 70 000 元，应记借方；另一方面引起资产要素中的“银行存款”项目减少 70 000 元，应记贷方。

(4) 前欠甲公司货款 150 000 元，经协商转作甲对企业的投资。

这项经济业务，一方面引起所有者要素中的“实收资本”项目增加 150 000 元，应记贷方；另一方面引起负债要素中的“应付账款”项目减少 150 000 元，应记借方。

(5) 公司赊销产品一批，售价 63 000 元，暂不考虑增值税。

这项经济业务，一方面引起收入要素中的“主营业务收入”项目增加 63 000 元，应记贷方；另一方面引起资产要素中的“应收账款”项目增加 63 000 元，应记借方。

(6) 企业购买办公用品 6 800 元，用现金支付。

这项经济业务，一方面引起费用要素中的“管理费用”项目增加 6 800 元，应记借方；另一方面引起资产要素中的“库存现金”项目减少 6 800 元，应记贷方。

通过以上的举例，现将借贷记账法的记账规则综述如下：

第一，需要记账的任何一笔经济业务，都必须同时记入两个（或两个以上）账户。

第二，所记入的账户可以属于同一类，也可以属于不同类，这取决于经济业务的内容。但不论在什么情况下，记入的账户，必须有的在借方，有的在贷方，不能全部记入借方或全部记入贷方。

第三，借方和贷方所记录的金额必须相等。

从这三条记账规律，可以概括出借贷记账法的记账规则：“有借必有贷，借贷必相等。”

小提示

记账规则蕴含着“有因必有果，有果必有因”的规律，是唯物辩证法因果联系在会计核算方法中的体现与运用。

4. 借贷记账法下的账户对应关系

账户的对应关系是指采用借贷记账法对每笔交易或事项进行记录时，相关账户之间形成的应借、应贷的相互关系。存在对应关系的账户称为对应账户。通过会计账户的对应关系，我们可以了解经济业务的内容和资金运动的来龙去脉。

5. 会计分录

1）会计分录的含义

会计分录简称分录，是对每项经济业务列示出应借、应贷的账户名称及其金额的一种记录。会计分录由应借应贷方向、相互对应的科目及其金额三个要素构成。在我国，会计分录记载于记账凭证中。

2）会计分录的分类

在实务中，为了保证账簿记录的正确性，在把经济业务记入账户之前，应先确定经济业务所涉及的会计科目及其应记的借贷方金额，然后再根据经济业务发生时所取得的原始凭证，在记账凭证中编制会计分录。按照所涉及账户的多少，会计分录分为简单会计分录和复合会计分录。简单会计分录指只涉及一个账户借方和另一个账户贷方的会计分录，即一借一贷的会计分录；复合会计分录指由两个以上（不含两个）对应账户所组成的会计分录即一借多贷、多借一贷或多借多贷的会计分录。

小提示

企业不能将两项或两项以上不同类型的经济业务合在一起编制多借多贷的复合会计分录。

编制会计分录时，应按以下步骤进行：

(1) 分析经济业务事项涉及的是资产（费用、成本），还是权益（收入）；

(2) 确定涉及哪些账户，是增加还是减少；

（3）确定记入哪个（或哪些）账户的借方，哪个（或哪些）账户的贷方；

（4）确定应借应贷账户是否正确，借贷方金额是否相等。

下面结合实例来说明会计分录的编制。

【例 2-2】编制例 1-1～例 1-6 长江公司发生经济业务对应的会计分录。

（1）借：固定资产　　250 000
　　　贷：应付账款　　250 000

（2）借：应付账款　　100 000
　　　贷：银行存款　　100 000

（3）借：原材料　　70 000
　　　贷：银行存款　　70 000

（4）借：应付账款　　150 000
　　　贷：实收资本　　150 000

（5）借：应收账款　　63 000
　　　贷：主营业务收入　　63 000

（6）借：管理费用　　6 800
　　　贷：库存现金　　6 800

6. 借贷记账法下的试算平衡

借贷记账法对全部经济业务记录的试算，是利用借贷记账法的记账规则对已记入账户的全部经济业务进行的一种借贷平衡关系的试算。

借贷记账法下的试算平衡包括两个方面的内容：

一是全部账户的借方发生额合计等于全部账户的贷方发生额合计，称之为发生额试算平衡，即

全部账户本期借方发生额合计＝全部账户本期贷方发生额合计

二是全部账户期末借方余额合计等于全部账户期末贷方余额合计，称之为余额试算平衡，即

全部账户期末借方余额合计＝全部账户期末贷方余额合计

从发生额来讲，因为每笔经济业务都是按“有借必有贷、借贷必相等”的记账规则来记录的，所以，每笔经济业务在账户中的记录，其借方发生额等于贷方发生额，全部经济业务在账户中的记录，也必然是借方发生额合计等于贷方发生额合计。

余额是由发生额得来的，既然全部账户的借方发生额合计数与贷方发生额合计数相等，自然会得出全部账户的借方余额与贷方余额相等。损益类账户期末无余额，也就是说，期末账户有余额的只有资产类、负债类与所有者权益类账户，根据“资产＝负债＋所有者权益”会计方程式的原理，不难得出全部账户的借方余额与全部账户的贷方余额相等的结论。

在实际工作中，发生额和余额的试算平衡是通过编制试算平衡表来进行的，其格式如表 2-5 所示。

表 2-5 试算平衡表 单位：元

账户名称	期初余额		本期发生额		期末余额	
	借 方	贷 方	借 方	贷 方	借 方	贷 方
库存现金						
银行存款						
应收账款						
……						
合计						

在编制试算平衡表时，应注意以下几点：

(1) 必须保证所有账户的余额均已记入试算平衡表。缺少任何一个账户的余额，都会造成期初或期末借方余额合计与贷方余额合计不相等。

(2) 如果试算平衡表借贷不相等，肯定是账户记录有错误，应认真查找，直到实现平衡为止。

(3) 即便实现了试算平衡，也不能说明账户记录绝对正确，因为有些错误并不会影响借贷双方的平衡关系。例如：

①漏记某项经济业务，将使本期借贷双方的发生额等额减少，借贷仍然平衡；

②重记某项经济业务，将使本期借贷双方的发生额等额虚增，借贷仍然平衡；

③某项经济业务记录的应借应贷科目正确，但借贷双方金额同时多记或少记，其金额一致，借贷仍然平衡；

④某项经济业务记错有关账户，借贷仍然平衡；

⑤某项经济业务在账户记录中，颠倒了记账方向，借贷仍然平衡；

⑥借方或贷方发生额中，偶然发生多记少记并相互抵销，借贷仍然平衡。

练一练

资料：长江公司 2021 年 12 月初各资产、负债和所有者权益账户的余额如表 2-6 所示。

表 2-6 长江公司 2021 年 12 月初各资产、负债和所有者权益账户的余额

资产类账户	余 额	负债和所有者权益类账户	余 额
银行存款	30 000 元	短期借款	40 000 元
应收账款	50 000 元	应付账款	30 000 元
原材料	40 000 元	实收资本	50 000 元
合计	120 000 元	合计	120 000 元

该公司12月发生下列经济业务：

(1) 收回应收账款40 000元并存入银行。

(2) 用银行存款20 000元购入原材料（不考虑增值税），原材料已验收入库。

(3) 以银行存款偿还短期借款30 000元。

(4) 收到投资产追加投资50 000元并存入银行。

(5) 购入原材料，货款30 000元（不考虑增值税），原材料已验收入库，货款尚未支付。

(6) 从银行借入短期借款10 000元直接偿还应付账款。

(7) 从银行提取现金45 000元备发工资。

(8) 采购员李兵出差，预借差旅费500元，用银行存款支付。

(9) 公司购买不需要安装的生产设备一台，30 000元，款项尚未支付。

(10) 生产车间领用甲材料50 000元投入A产品生产。

要求：

(1) 根据以上资料编制会计分录。(2) 编制试算平衡表。

拓展阅读

我国历史上曾使用过的复式记账法

1. 增减记账法，是以“增”和“减”为记账符号，以“资金占用＝资金来源”为理论基础，直接反映经济业务所引起的会计要素增减变化的一种复式记账方法。它是在我国会计实务中实行的一种特有的记账方法。该法经过试行，于1964年开始，在我国商业系统全面推行，工业企业和其他行业也有采用这种记账方法的。1993年7月1日《企业会计准则》实施后，增减记账法改为借贷记账法。增减记账法以“增”和“减”为记账符号，凡经济业务引起资金来源或资金占用增加，就在账户中记增；凡经济业务引起资金来源或资金占用减少，就在账户中记减。“增”“减”符号同资金来源与资金占用的增加、减少意思一致，使符号的文字含义名副其实，直接表达会计事项涉及具体内容的增减变动；全部账户固定地分为资金来源和资金占用两大类，不能设置双重性账户；其记账规则为：两类账户，同增同减，金额相等；同类账户，有增有减，金额相等。

2. 收付记账法，是以“收”和“付”作为记账符号，反映经济业务所引起会计要素增减变动的一种记账方法。按其记账主体的不同，分为资金收付记账法、财产收付记账法和现金收付记账法。资金收付记账法以预算资金的活动能力为记账主体，以“收”和“付”作为记账符号来记录经济业务的发生。我国从1966年开始在全国预算单位使用这种记账方法。收付记账法以“收”和“付”作为记账符号，对所发生的各种经济业务都以资金的收付决定记账方向。账户分为资金来源、资金运用和资金结存三类：资金来源类账户反映资金的来源渠道，资金运用类账户反映资金的去向，资金结存类账户反映货币资金和财产物资的结存情况。记账规则为“同收、同付、有收有付”。

任务实施

1. 引例中用到的会计科目有：银行存款、实收资本、管理费用、原材料、主营业务收入。

2. 对应的会计分录是：

（1）借：银行存款	80 000	
贷：实收资本		80 000
（2）借：管理费用	1 500	
贷：其他应收款		1 500
（3）借：固定资产	5 000	
贷：银行存款		5 000
（4）借：管理费用	1 000	
贷：库存现金		1 000
（5）借：原材料	3 700	
贷：银行存款		3 700
（6）借：银行存款	420	
贷：主营业务收入		420

项目二　客观题

项目二　主观题

项目三　企业日常经济业务的核算

学银在线微课

知识目标

1. 了解制造企业日常主要经济业务核算的内容
2. 理解复式记账原理在各类经济业务中的运用
3. 掌握企业筹资、投资、采购、生产、销售各环节经济业务的核算

技能目标

1. 能够计算企业采购成本、生产成本、销售成本等
2. 能够对企业各种常见经济业务进行相应的账务处理

思政目标

1. 培养学生热爱劳动和精益求精的工匠精神
2. 培养学生在工作中形成诚实守信、不做假账的职业素养

任务一　企业筹资业务的核算

任务引入

小张和小王大学毕业后合伙开了一家“茶小甜”奶茶店，请同学们思考一下，这家奶茶店在开业之初我们需要准备些什么呢？没错，要去工商局办理营业执照，要找门面，还要购买设备，等等。

那不管要做什么，是不是都需要资金呀，那资金从哪来呢？也就是说筹集资金的渠道都有哪些呢？

任务分析

奶茶店为了能筹集到资金，除了小张和小王两位老板自己投资以外，还可以向银行借款。

知识学习

制造企业是以产品的生产和销售为主要活动内容的经济组织，日常经济业务的内容主要包括资金筹集、投资、采购供应过程、生产过程、销售过程等方面。企业为了生产经营，首先必须拥有一定数量的经营资金，然后将其筹集的资金投入到供应过程购买原材料、机器设备，为生产产品做好准备。

一、筹资业务主要内容

企业进行生产经营活动所需要的资金，主要来源渠道是企业所有者的投资和从银行取得的借款。另外，还有临时占用其他单位或个人的资金及其他来源。对于投入的资金，需要核算其投入资金的入账价值；对于借入资金既要核算借入资金的本金，还要核算其利息。

(一) 投入资本

所谓投入资本，又称资本金，是指企业所有者按照企业章程、合同或协议的约定，实际投入到企业的资本，即企业在工商行政管理部门登记注册的资金。有限责任公司称之为实收资本，股份有限公司称之为股本。

资本金按投资者的不同可分为国家资本金、法人资本金和个人资本金。按形式不同可分为货币资金、实物和无形资产等。以货币资金形式投入的资本，按实际收到货币资金的金额入账；以非货币性资产投入的资本，按合同或协议约定的价值入账。投资人投入的资本金超过其所认缴的资本金数额时，不能计入实收资本或股本，只能作为资本溢价，如溢价发行股票。投资人投入的资本在企业经营期内，除法律、法规另有规定以外，一般不能要求收回。企业增资或减资时都要到工商行政管理部门做变更登记。

(二) 借入资本

所谓借入资本，是指企业通过发行债券、向银行或其他金融机构借款等方式筹集的资金。企业从银行取得的借款按偿还期的长短，分为短期借款和长期借款。短期借款一般用于企业生产经营临时周转需要，又称流动资金借款，偿还期一般在 1 年以内（含 1 年）。长期借款一般用于特定的项目，如购置大型设备、技术改造等，偿还期一般在 1 年以上。

二、设置的主要账户

1. 投入资本核算应设置的账户

为了总括地核算和监督投资者投入资金及其变动情况，应设置以下账户。

(1)“库存现金”账户

该账户性质属于资产类，核算内容为企业的库存现金。账户结构为借方登记库存现金的收入数，贷方登记库存现金的支出数，期末借方余额反映企业实际持有的库存现金数。

（2）“银行存款”账户

该账户性质属于资产类，核算内容为企业存入银行或其他金融机构的款项。账户结构为借方登记存款的存入数，贷方登记存款的支取数，期末借方余额反映企业存放在银行的存款实有数。明细账核算按开户行和其他金融机构及存款种类进行。

（3）“固定资产”账户

该账户性质属于资产类，核算内容为企业固定资产的原始价值。账户结构为借方登记企业固定资产增加的账面价值，贷方登记因出售、报废、毁损而减少的固定资产的账面原价，期末借方余额反映企业期末固定资产的账面原价。明细账核算按固定资产类别进行。

（4）“无形资产”账户

该账户性质属于资产类，核算内容是企业为生产商品、提供劳务、出租给他人或为管理目的而持有的，没有实物形态的非货币性长期资产，包括专利权、非专利技术、商标权、著作权和土地使用权等。账户结构为借方登记企业外购等方式取得的无形资产原值，贷方登记对外转让的无形资产原值，期末借方余额反映企业期末无形资产的原值。明细账核算按无形资产类别进行。

（5）“实收资本”账户

该账户性质属于所有者权益类，核算内容为企业按照合同、章程的规定收到投资者或股东投入的资本。账户结构为贷方登记收到投入资本的实际数额或按股票面值计算的股本金，借方登记按规定程序减少的注册资本或减少的股本数额，期末贷方余额反映企业现有的实收资本或股本。明细账核算按投资者或股东名册进行。

（6）“资本公积”账户

该账户性质属于所有者权益类，核算内容为企业资本公积的增减及结余情况。账户结构为贷方登记企业因资本溢价等原因而增加的资本公积数额，借方登记用于按法定程序转增注册资本等原因而减少的资本公积数额，期末贷方余额反映企业实有的资本公积数额。明细账核算按资本公积形成的类别进行。

2. 借入资金核算应设置的账户

为了总括地核算和监督借入资金及其变动情况，应当设置以下账户。

（1）“短期借款”账户

该账户性质属于负债类，核算内容为企业向银行或其他金融机构等借入的偿还期在1年以下（含1年）的各种借款。账户结构为贷方登记借入资金的实际金额，借方登记偿还的实际金额，期末贷方余额反映企业尚未偿还的短期借款的本金。明细账核算按借款种类、贷款人和币种进行。

（2）“长期借款”账户

该账户性质属于负债类，核算内容为企业向银行或其他金融机构借入的期限在1年以上（不含1年）的各项借款。账户结构为贷方登记长期借款本息的增加额，借方登记已偿还的长期借款本息，期末贷方余额反映企业尚未偿还的长期借款。明细账核算按贷款单位和贷款种类分别设置“本金”和“应计利息”进行核算。

（3）“应付债券”账户

该账户性质属于负债类，核算内容是企业为筹集长期资金而发行债券的本金和利息。账户结构为贷方登记应付债券的本金和利息，借方登记实际偿还的债券本金和利息，期末贷方余额反映企业尚未偿还的长期债券。明细账核算按“面值”“利息调整”“应计利息”等进行。

（4）“应付利息”账户

该账户性质属于负债类，核算内容为企业按照合同约定应支付的利息，包括银行借款、企业债券等应支付的利息。账户结构为贷方登记资产负债表日计算确定的利息费用，借方登记实际支付的利息，期末贷方余额反映企业尚未偿还的利息。明细账核算按存款人和债权人进行。

（5）“财务费用”账户

该账户性质属于损益类，核算内容是企业为筹集资金而发生的费用。账户结构为借方登记发生的财务费用，贷方登记期末转出的财务费用，期末一般无余额。明细账核算按费用项目进行。

三、筹资业务的会计处理实例

【案例资料】2020 年 5 月长江公司发生以下筹资业务：

（1）收到甲公司投入设备一台，合同约定价值为 500 000 元；专有技术一项，价值 300 000 元。

（2）接受乙公司投资 1 500 000 元存入银行，乙公司按出资比例应享有的注册资本为 1 000 000 元。

（3）取得 6 个月期限的生产周转借款 400 000 元，年利率为 6%，银行通知款项已划入银行账户。

（4）取得 3 年期，年利率为 9%，到期一次还本付息的设备借款 1 000 000 元。

（5）公司对上述生产周期借款按月计提利息费用 2 000 元。

（6）公司按面值发行 5 年期，票面利率为 8%，到期一次性还本付息的债券 2 000 000元，款项已存入银行。

编制以上经济业务会计分录如下：

（1）借：固定资产——设备	500 000	
无形资产——专有技术	300 000	
贷：实收资本——甲公司		800 000
（2）借：银行存款	1 500 000	
贷：实收资本——乙公司		1 000 000
资本公积——资本溢价		500 000
（3）借：银行存款	400 000	
贷：短期借款		400 000
（4）借：银行存款	1 000 000	

贷：长期借款　　1 000 000

（5）借：财务费用　　2 000

贷：应付利息　　2 000

（6）借：银行存款　　2 000 000

贷：应付债券　　2 000 000

根据上述业务的会计分录登记入账。

固定资产

借方	贷方
（1）500 000	

无形资产

借方	贷方
（1）300 000	

实收资本

借方	贷方
	（1）800 000
	（2）1 000 000

资本公积

借方	贷方
	（2）500 000

短期借款

借方	贷方
	（3）400 000

借方	银行存款	贷方
(2) 1 500 000		
(3) 400 000		
(4) 1 000 000		
(6) 2 000 000		

借方	长期借款	贷方
		(4) 1 000 000

借方	应付利息	贷方
		(5) 2 000

借方	财务费用	贷方
(5) 2 000		

借方	应付债券	贷方
		(6) 2 000 000

任务二　企业投资业务的核算

企业投资包括对内投资和对外投资。对内投资主要是指固定资产投资和无形资产投资；对外投资根据其投资目的的不同，可以分为股权性投资和债权性投资。

下面以对内的固定资产投资为例，讲解企业对内投资的核算。

一、固定资产购置业务

企业在经营过程中，需要使用不同的固定资产，如设备、房屋、运输车辆、工具、器具等。固定资产是指同时具有以下特征的有形资产：

第一，为生产商品、提供劳务、出租或经营管理而持有的；

第二，使用寿命超过一个会计年度的。

固定资产应当按照成本进行初始计量。这里的成本应包括为购建某项固定资产达到预定使用状态前发生的一切合理必要的支出。

企业取得固定资产的方式主要有外购、自行建造、投资者投入、非货币性资产交换取得、债务重组方式取得、融资租入等。不同来源方式取得的固定资产，其入账价值和会计处理方法也不尽相同。本节主要介绍外购固定资产的核算。

外购固定资产的成本包括购买价款、相关税费（不含可以抵扣的生产经营机器设备的增值税进项税额），以及使固定资产达到预定可使用状态前所发生的可归属于该项资产的运输费、装卸费、安装费和专业人员服务费等。

二、固定资产购置设置的主要账户

1.“固定资产”账户

该账户属于资产类，用来核算企业持有的固定资产原价。借方登记企业增加的固定资产的原价，贷方登记企业减少的固定资产的原价。期末余额在借方，反映企业固定资产的原价。该账户可按照固定资产种类和使用状况进行明细核算。

2.“在建工程”账户

该账户属于资产类，用来核算企业基建、更新改造等在建工程发生的支出。借方登记各项在建工程支出的增加，贷方登记完工工程转出的成本。期末余额在借方，反映企业尚未达到预定可使用状态的在建工程的成本。

三、固定资产购置的核算

企业购买固定资产，有的购买完成之后当即可以投入使用，有的安装之后才可投入使用。对于需要安装的固定资产，在交付使用之前，通过“在建工程”账户进行核算，同时在购建过程中所发生的全部支出都应归集在“在建工程”账户，待工程达到可使用状态形成固定资产后，方可将该工程成本从“在建工程”账户转入“固定资产”账户。

以下分别举例说明企业购买的不需要安装固定资产和需要安装固定资产的核算内容。

【例 3－1】2020 年 5 月 3 日，长江公司购入一台不需要安装的设备，发票价格 120 000元（暂不考虑税额）。

借：固定资产　　　　120 000

贷：银行存款　　120 000

【例 3－2】2020 年 5 月 10 日，长江公司购入一台需要安装的设备，发票上注明的设备买价为 50 000 元（暂不考虑税额），以银行存款支付。

初始确认时：

借：在建工程　　50 000

贷：银行存款　　50 000

设备安装完毕交付使用：

借：固定资产　　50 000

贷：在建工程　　50 000

2. 企业对外投资业务的核算

企业对外投资的核算比较复杂，本课程仅以交易性金融资产为例，简单介绍对外投资交易性金融资产的核算。

（1）交易性金融资产投资

交易性金融资产主要是指企业为了近期内出售而持有的金融资产，例如企业以赚取差价为目的从二级市场购入的股票、债券、基金等。

（2）交易性金融资产投资应设置的账户

企业应设置“交易性金融资产”科目，本科目核算企业持有的以公允价值计量且其变动计入当期损益的金融资产，包括为交易目的所持有的债券投资、股票投资、基金投资、权证投资和直接指定为以公允价值计量且其变动直接计入当期损益的金融资产。

四、交易性金融资产投资的核算

取得交易性金融资产投资时，应当按照该金融资产取得时的公允价值作为其初始确认金额；取得交易性金融资产所发生的相关交易费用应当在发生时计入投资收益。会计处理为，借记“交易性金融资产——成本”，贷记“银行存款”，借“投资收益”科目。

【例 3－3】2020 年 5 月 15 日，长江公司为赚取差价从股票交易市场购得股票 300 000万元，同时支付手续费和交易费用 600 元。

借：交易性金融资产　　300 000

投资收益　　600

贷：其他货币资金——存出投资款　　300 600

拓展阅读

其他货币资金

证券账户是由证券登记结算公司开立的，记录着投资者的资金、股票清算和结算业务，是专门用于证券买卖的账户。在会计核算上，这个账户的业务用“其他货币资金——存出投资款”账户核算。买卖股票之前，投资者要把钱先转入证券资金账户，借记“其他货币资金——存出投资款”，贷记“银行存款”；购买股票时，借记“交易性金融资产”，贷记“其他货币资金——存出投资款”。因为银行存款存放地点和用途不同，我国《企业会计准则》规定，银行汇票存款、银行本票存款、信用卡存款、信用证保证金存款、存出投资款、外埠存款等需要通过“其他货币资金”账户核算。

任务三 企业采购业务的核算

任务引入

同学们，假如你家开了一家饭店，招牌菜是西红柿炒蛋。此时，准备购买一批鸡蛋，那请问这批鸡蛋的采购成本如何核算呢?

任务分析

首先，购买一批鸡蛋所付出的价款是不是应该记入到存货的成本里呢；接下来，鸡蛋要运输，所以运费也是一个必要的支出。其实存货的采购成本核算，就是为了能顺利地拿到这批鸡蛋，从而产生的合理支出。

知识学习

采购过程是制造企业生产经营的第一个阶段，是为生产产品做准备的过程。为了进行产品生产，企业必须购买和储备一定品种和数量的原材料。原材料是企业生产产品不可缺少的物质要素。

一、企业采购业务内容

企业所需的材料，通常情况下都是从外单位采购而来的。在材料采购过程中，要发生材料的买价、采购费用和增值税的进项税等相关问题。

制造企业材料采购成本主要包括买价、运杂费（包括运输费、装卸费、保险费、包装费、仓储费等）、运输途中的合理损耗、入库前的挑选整理费用（入库后的挑选整理费计入管理费用）、购入物资需负担的税金（进口关税、消费税、资源税和不能抵扣的增值税进项税额以及相应的教育附加费等）和其他费用。下列费用不应计入材料的采购成本：市内零星运杂费、采购人员的差旅费、采购机构的经费及供应部门和仓库的经费。

计算采购成本时，单独采购某种材料发生的采购费用，直接计入该材料的采购成本；采购几种材料共同发生的采购费用，应采用适当的分配标准（重量、体积、买价）分配后，再计入各种材料的采购成本。

二、采购业务设置的主要账户

1.“在途物资”账户

该账户性质属于资产类，用来核算和监督企业外购材料的买价和各种采购费用（即材料采购的实际成本）等情况，但材料尚未验收入库。借方登记购入材料物资的买价和采购费用，贷方登记月末按实际采购成本转入“原材料”账户借方的数额。期末余额在借方，表示企业在途材料、商品等物资的采购成本。该账户可按照供应单位和在途物资品种设置明细分类账。

2.“原材料”账户

该账户性质属于资产类，用来核算和监督企业库存的各种材料的收入、发出和结存情况。借方登记已经验收入库材料的实际成本，贷方登记发出材料的实际成本。期末余额在借方，表示库存材料结存的实际成本。该账户可按照材料的类别、品种和规格设置明细分类账。

3.“应付账款”账户

该账户性质属于负债类，用来核算和监督企业因采购材料、商品和接受劳务而应付给供应单位的款项。贷方登记应付而未付款项的数额，借方登记实际归还款项的数额。期末余额在贷方，表示应付未付给供应单位的款项。该账户可按照供应单位进行明细核算。

4.“预付账款”账户

该账户性质属于资产类，用来核算和监督企业按照合同规定向供应单位预付购料款而与供应单位发生的结算债权的增减变动及其结余情况。借方登记企业按照合同预付给供应单位的款项以及补付的款项，贷方登记收到供应单位提供的材料物资而冲销预付账款以及退回多预付给供应单位的款项。若期末余额在借方，表示企业实际已预付的款项；若期末余额在贷方，表示企业尚未补付的款项。该账户可按照供应单位进行明细核算。

5.“应付票据”账户

该账户性质属于负债类，是用来核算和监督企业采用商业汇票结算方式购买材料物资等而开出、承兑的商业汇票的增减变动及其结余情况。贷方登记企业开出、承兑商业汇票的增加，借方登记到期商业汇票的减少。期末余额在贷方，表示尚未到期的商业汇票的期末余额。该账户可按照债权人的不同设置明细账户。

6.“应交税费”账户

该账户性质属于负债类，用来核算和监督企业应交的各种税费，包括增值税、消费税、所得税、资源税等。贷方登记应纳的各种税金，借方登记已缴纳的税金。期末余额通常在贷方，表示企业尚未缴纳的税金。该账户可按照应交税金的税种设置明细账，“应交税费——应交增值税”账户下设“进项税额”“销项税额”“出口退税”“已交税金”等专栏。其中，借方“进项税额”专栏，反映企业购入货物或接受劳务而支付的、准予从销项税额中抵扣的增值税额；贷方“销项税额”专栏，反映企业销售货物或提供应税劳务应向购货方收取的增值税额。企业当期应交增值税额等于当期销项税额减去当期进项税额。

三、采购业务核算实例

【案例资料】2020 年 5 月长江公司发生以下采购供应业务：

（1）购入甲材料 100 吨，单价 2 000 元，运费 2 000 元，价税款用银行存款支付，材料已入库。

（2）购入乙材料 25 000 千克，单价 5 元，材料未收，款项尚未支付。

（3）购入甲材料 60 吨，货款 120 000 元；丙材料 40 吨，货款 50 000 元。甲、丙材料装卸费共计 2 500 元，材料已入库，款项开出商业汇票支付（装卸费按重量比例分配）。

（4）办理乙材料验收入库手续，偿还所购乙材料欠款。

（5）银行预付丁材料款 150 000 元。

（6）所购丁材料验收入库，价税合计 339 000 元，用银行存款补付尾款。

（7）以银行存款购入一台生产用不需安装的机器设备，设备买价 60 000 元，增值税 7 800 元，支付包装费 1 800 元。

说明：增值税税率为 13%，运费考虑增值税，扣除率为 11%。

以上经济业务的会计分录：

（1）借：原材料——甲材料	201 780	
应交税费——应交增值税（进项税额）	26 220	
贷：银行存款		228 000
（2）借：在途物资——乙材料	125 000	
应交税费——应交增值税（进项税额）	16 250	
贷：应付账款		141 250
（3）借：原材料——甲材料	121 500	
——丙材料	51 000	
应交税费——应交增值税（进项税额）	22 100	
贷：应付票据		194 600
（4）借：原材料——乙材料	125 000	
贷：在途物资——乙材料		125 000
借：应付账款	141 250	
贷：银行存款		141 250
（5）借：预付账款	150 000	
贷：银行存款		150 000
（6）借：原材料——丁材料	300 000	
应交税费——应交增值税（进项税额）	39 000	
贷：预付账款		339 000

借：预付账款　　　　189 000

　　贷：银行存款　　　　189 000

（7）借：固定资产　　　　61 800

　　应交税费——应交增值税（进项税额）　　　　7 800

　　贷：银行存款　　　　69 600

根据上述业务的会计分录登记入账。

原材料

借方	贷方
（1）201 780	
（3）172 500	
（4）125 000	
（6）300 000	

应交税费

借方	贷方
（1）26 220	
（2）16 250	
（3）22 100	
（6）39 000	
（7）7 800	

银行存款

借方	贷方
	（1）228 000
	（4）141 250
	（5）150 000
	（6）189 000
	（7）69 600

应付账款

借方	贷方
（2）141 250	（4）141 250

借方	在途物资	贷方
(2) 125 000		(4) 125 000

借方	应付票据	贷方
		(3) 194 600

借方	预付账款	贷方
(5) 150 000		(6) 339 000
(6) 189 000		

借方	固定资产	贷方
(7) 61 800		

拓展阅读

我国的增值税

增值税是以商品（含应税劳务）在流转过程中产生的增值额作为计税依据而征收的一种流转税。从计税原理上说，增值税是对商品生产、流通、劳务服务中多个环节的新增价值或商品的附加值征收的一种流转税。实行价外税，也就是由消费者负担，有增值才征税，没增值不征税。

我国增值税实行税款抵扣制度，凭增值税发票认证抵扣形成完整链条。例如图 3－1 中，厂家以 10 元价格购进原材料，加工成商品以 100 元价格销售给批发商，批发商以 130 元价格销售给零售商，零售商以 200 元价格销售给最终消费者。在这个过程中，针对零售商这个会计主体，在采购付款时，多支付了应由销售方承担的税费。这个税费，在会计上以“应交税费—应交增值税—进项税额”科目记录；零售商将商品销售给消费者，同时向消费者收取一定比例的税费，在会计上以“应交税费—应交增值税—销项税额”科目记录，零售商需要缴纳的税费就等于销项减去进项后的金额，即零售商应交的增值税为“销项－进项”。

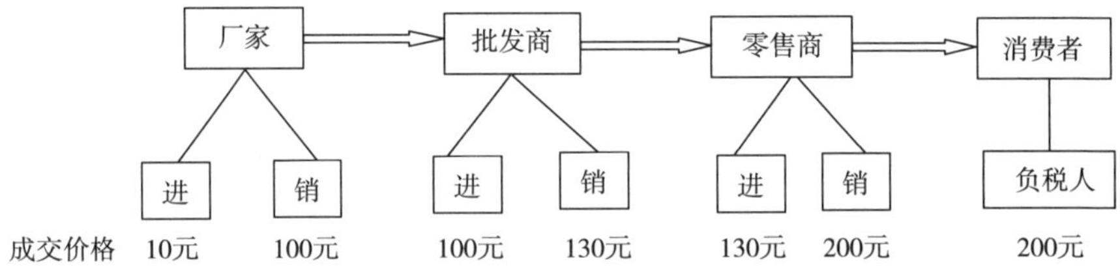

图 3－1　增值税链条抵扣

假设适用 13％的增值税税率，则零售商此笔业务应该缴纳的增值税为：200×13％－130×13％＝（200－130）×13％＝9.1（元）。

从整个增值税链条分析，所缴纳的增值税是对商品从无到有的增值额所征收的税，本例中各级企业共同缴纳（10＋90＋30＋70）×13％＝200×13％＝26（元），由最终的消费者承担。

需要说明的是，我国的增值税税款抵扣制，只适用于增值税一般纳税人企业，对于小规模纳税人不适用。

任务四　企业生产业务的核算

生产过程是制造企业生产经营的第二个阶段。产品的生产过程既是新产品的制造过程，又是生产过程的耗费。生产过程的耗费，包括生产资料中的劳动手段（例如机器设备）和劳动对象（例如原材料）的耗费，以及劳动力等方面的耗费。这些耗费以货币表现为生产费用，生产费用最终都要归集、分配到各种产品，形成各种产品的成本。

一、生产过程主要业务内容

制造企业产品生产过程的经济业务内容一般有：

（1）原材料的领用消耗和投入生产，形成材料费用；

（2）生产工人及管理人员的劳动消耗，形成工资及福利费用；

(3) 机器设备等固定资产的消耗，形成折旧以及其他费用开支，如办公费、水电费、差旅费、保险费、劳保费等；

(4) 结转完工产品的生产成本等。

在只生产一种产品的企业，成本计算对象只有一个，所发生的全部生产费用只要按成本项目进行归集，就形成了该产品的成本。在这种情况下，生产费用不存在分配的问题。但在生产多种产品的企业，由于成本计算对象有两个以上，所发生的生产费用，凡是能分清成本计算对象的，应当按照有关凭证直接计入该种产品的生产费用明细账或成本计算单中；凡是分不清成本计算对象的共同费用，应当采用适当的分配方法在各受益对象之间进行分配。

二、设置的主要账户

为了正确计算产品成本，应设置的主要账户有"生产成本""制造费用""库存商品""应付职工薪酬""管理费用""累计折旧"等。

(一)"生产成本"账户

该账户属于成本类，用来核算企业进行工业性生产发生的各项生产成本，包括生产各种产品、自制材料、自制设备等。借方登记应计入产品生产成本、各项直接费用和月末分配转入的制造费用，贷方登记企业已经生产完成并验收入库的产品成本。该账户的期末借方余额，反映企业尚未加工完成的在产品成本。该账户可按基本生产成本和辅助生产成本进行明细核算。

(二)"制造费用"账户

该账户属于成本类，用来核算企业生产车间（部门）为生产产品和提供劳务而发生的各项间接费用。借方登记发生的各项间接费用，如生产车间发生的机物料消耗、固定资产折旧、保险费、劳动保护费、生产用具的摊销费、管理人员薪酬、办公费、差旅费、水电费、季节性停工损失等。月末，将制造费用分配计入有关成本对象时，记入本账户的贷方。除季节性的生产性企业外，月末一般无余额。本账户可按不同的车间、部门和费用项目设置明细账户，按制造费用的项目内容设专栏进行明细核算。

(三)"库存商品"账户

该账户属于资产类，用来核算企业库存的各种产品的实际成本，包括库存产成品、外购商品、存放在门市部准备出售的商品、发出展览的商品以及寄存在外的商品等。接受来料加工制造的代制品和为外单位加工修理的代修品，在制造和修理完成验收入库后，视同企业的产成品，也通过本账户核算。借方登记完工验收入库产品的实际成本，贷方登记发出产品的实际成本。期末余额为借方，反映企业库存商品的实际成本。本账户应按库存商品的种类、品种、规格设置明细账户。

(四)"应付职工薪酬"账户

该账户属于负债类，用来核算企业按规定应付给职工的各种薪酬，包括一切构成工资总额的部分，如奖金、津贴、补贴等。贷方登记已分配计入有关成本费用项目的职工薪酬的数额，借方登记实际发放职工薪酬的数额。期末如为贷方余额，反映企业应付未付的职工薪酬。该账户可按“工资”“职工福利”“社会保险费”“住房公积金”“工会经费”“职工教育经费”“非货币性福利”“辞退福利”“股份支付”等进行明细核算。

（五）“管理费用”账户

该账户属于损益类账户中的费用类，用来核算企业为组织以及管理企业生产经营发生的管理费用，包括企业在筹建期间内发生的开办费、董事会和行政管理部门在企业经营管理中发生的或者应由企业统一负担的公司经费（包括行政管理部门职工工资及福利费、物料消耗、低值易耗品摊销、办公费和差旅费等）、工会经费、董事会费（包括董事会成员津贴、会议费和差旅费）、聘请中介机构费、咨询费、诉讼费、业务招待费、房产税、车船使用税、土地使用税、印花税、技术转让费、矿产资源补偿费、研究费用、排污费等。借方登记实际发生的管理费用，贷方登记期末转入到“本年利润”账户的数额，期末结转后本账户无余额。本账户可按管理部门和项目设置明细账户进行明细核算。

（六）“累计折旧”账户

该账户属于资产类，它是固定资产的抵减调整账户，用来核算企业固定资产由于使用磨损而减少的累计价值，即累计折旧数额。该账户贷方登记提取的折旧数，借方登记由于出售、报废、毁损、对外投资等原因减少固定资产而应注销的已提折旧数。期末贷方余额，反映企业固定资产的累计折旧额。该账户可按固定资产的类别或项目进行明细核算。

三、生产过程有关业务的核算实例

【案例资料】2020 年 5 月长江公司发生以下生产业务：

（1）仓库发出甲材料 206 000 元，其中 A 产品耗用 120 000 元，B 产品耗用 80 000 元，车间一般耗用 5 000 元，行政管理部门领用 1 000 元。仓库发出乙材料 41 500 元，其中 A 产品耗用 30 000 元，B 产品耗用 10 000 元，车间一般耗用 1 000 元，行政管理部门领用 500 元。

（2）应付工资总额 82 000 元，其中生产工人工资 60 000 元（A 产品生产工人 40 000元，B 产品生产工人 20 000 元），车间管理人员工资 12 000 元，行政管理部门人员工资 10 000 元；代扣房租 1 000 元；代垫职工医药费 2 000 元；实际转入职工工资存折 79 000 元。

（3）计提本月固定资产折旧，其中车间固定资产折旧为 15 000 元，行政管理部门固定资产折旧为 5 000 元。用现金支付本月固定资产日常维修费 1 000 元。

（4）用现金购买办公用品 1 600 元，其中车间 600 元，行政管理部门 1 000 元。用现金支票预支采购员差旅费 1 200 元，采购员出差回来实际报销 1 000 元。

（5）结转本月发生制造费用，并按 A、B 产品工人工资比例进行分配。

(6) 本月生产的A产品200台全部完工，B产品100台全部完工，结转完工产品的成本（假设期初没有在产品）。

以上经济业务会计分录：

(1) 借：生产成本——A产品 150 000
——B产品 90 000
制造费用 6 000
管理费用 1 500
贷：原材料——甲材料 206 000
——乙材料 41 500

(2) 借：生产成本——A产品 40 000
——B产品 20 000
制造费用 12 000
管理费用 10 000
贷：应付职工薪酬——工资 82 000
借：应付职工薪酬——工资 82 000
贷：其他应收款——房租 1 000
——医药费 2 000
银行存款 79 000

(3) 借：制造费用 15 000
管理费用 6 000
贷：累计折旧 20 000
库存现金 1 000

(4) 借：制造费用 600
管理费用 1 000
贷：库存现金 1 600
借：其他应收款 1 200
贷：银行存款 1 200
借：管理费用 1 000
库存现金 200
贷：其他应收款 1 200

(5) 归集制造费用总额＝材料费＋人工费＋折旧费＋办公费
＝6 000＋12 000＋15 000＋600＝33 600（元）

制造费用分配率＝制造费用总额/A、B产品工人工资之和
＝33 600/（40 000＋20 000）＝0.56（元）

A产品应负担的制造费用＝A产品生产工人工资×制造费用分配
＝40 000×0.56＝22 400（元）

B产品应负担的制造费用=B产品生产工人工资×制造费用分配率

=20 000×0.56=11 200（元）

借：生产成本——A产品　　22 400

——B产品　　11 200

贷：制造费用　　33 600

（6）A产品生产成本=直接材料+直接人工+该产品应负担的制造

=150 000+40 000+22 400=212 400（元）

B产品生产成本=直接材料+直接人工+该产品应负担的制造

=90 000+20 000+11 200=121 200（元）

借：库存商品——A产品　　212 400

——B产品　　121 200

贷：生产成本——A产品　　212 400

——B产品　　121 200

根据上述业务的会计分录登记入账。

借方　　生产成本　　贷方

借方	贷方
（1）240 000	（6）333 600
（2）60 000	
（5）33 600	

借方　　制造费用　　贷方

借方	贷方
（1）6 000	（5）33 600
（2）12 000	
（3）15 000	
（4）600	

借方　　管理费用　　贷方

借方	贷方
（1）1 500	
（2）10 000	
（3）6 000	
（4）2 000	

借方	原材料 贷方
	（1）247 500

借方	应付职工薪酬 贷方
（2）82 000	（2）82 000

借方	其他应收款 贷方
（4）1 200	（2）3 000
	（4）1 200

借方	银行存款 贷方
	（2）79 000
	（4）1 200

借方	累计折旧 贷方
（3）20 000	

借方	库存现金	贷方
(4) 200		(3) 1 000
		(4) 1 600

借方	库存商品	贷方
(6) 333 600		

拓展阅读

发出材料的核算方法

发出材料可以采用实际成本法核算，也可以采用计划成本法核算。采用实际成本法核算，则发出存货成本的计算方法有先进先出法、月末一次加权平均法、移动加权平均法和个别计价法。如果采用计划成本法，会计期末要对存货计划成本和实际成本之间的差异单独核算，最终将计划成本调整为实际成本。本书中的案例采用实际成本法中月末一次加权平均法进行核算生产领用或发出材料的成本。

任务五　企业销售业务的核算

销售过程是企业生产经营过程的最后一个阶段，也是企业再生产过程的最后一个环节。制造企业在销售过程中，通过销售产品，按照销售价格收取产品价款，形成商品销售收入，使产品资金转化为货币资金，从而完成资金的一次循环。企业的各项支出也应从中得到补偿，使再生产得以持续不断地进行。在销售过程中结转的商品销售成本，以及发生的运输、包装、广告等销售费用，按照国家税法的规定计算缴纳的各种税费等都应该从销售收入中得到补偿，补偿之后的差额即为企业销售商品的业务成果，即利润或亏损。

一、销售主要经济业务内容

企业除了发生销售商品等主营业务外，还可能发生一些其他业务，如销售材料、出租包装物等。

销售过程主要经济业务包括销售收入和销售成本的确认。所谓产品销售成本，就是已经销售产品的生产成本。《企业会计准则》规定，企业应当采用先进先出法、加权平均法或个别计价法确定发出存货的实际成本。所谓先进先出法，是以先购入的存货应先发出（销售或耗用）为前提，据此确定发出存货和期末存货成本的一种方法。所谓全月一次加权平均法，是指以当月全部进货数量加上月初存货数量作为权数，计算存货的加权平均单位成本，以此为基础计算当月发出存货的成本和期末存货的成本的一种方法。这种方法下，先计算出加权平均单价，再用本期销售数量乘以加权平均单价得出本期销售商品成本。

加权平均单价＝（期初存货成本＋本期入库成本）/（期初库存数量＋本期入库数量）

本期销售商品成本＝本期销售数量×加权平均单价

例如，某企业库存某商品月初结存 100 件，单位成本 6 元；本月第一批购进 100 件，单位成本 7 元；第二批购进 100 件，单位成本 8 元。本月对外销售 180 件，分别采用先进先出法和全月一次加权平均法计算本月该商品的成本。

先进先出法：

本月销售商品成本＝100×6＋80×7＝1 160（元）

全月一次加权平均法：

加权平均单价＝（期初存货成本＋本期入库成本）/（期初库存数量＋本期入库数量）

＝（600＋700＋800）/（100＋100＋100）＝7（元/件）

本月销售商品成本＝180×7＝1 260（元）

二、设置的主要账户

（一）“主营业务收入”账户

该账户属于损益类账户中的收入类，用来核算企业确认的销售商品、提供劳务等主营业务的收入。贷方登记企业实现的主营业务收入，借方登记本期发生的销售退回或销售折让，应冲减的主营业务收入和期末转入“本年利润”的主营业务收入净额。结转后期末应无余额。本账户可按主营业务的种类进行明细核算。

（二）“其他业务收入”账户

该账户属于损益类账户中的收入类，用来核算企业除主营业务活动以外的其他经营活动实现的收入。贷方登记企业实现的其他业务收入，借方登记本期发生的销售退回应冲减的其他业务收入和期末转入“本年利润”的其他业务收入。结转后期末应无余额。本账户可按其他业务的种类进行明细核算。

（三）“主营业务成本”账户

该账户属于损益类账户中的费用类，用来核算企业确认的销售商品、提供劳务等主营业务收入时应结转的成本。产品销售结转其生产成本时，记入本账户的借方；期末将已销产品成本转入“本年利润”时，记入本账户的贷方。结转后期末应无余额。本账户可按主营业务的种类进行明细核算。

（四）“其他业务成本”账户

该账户属于损益类账户中的费用类，用来核算企业确认的除主营业务活动以外的其他经营活动所发生的支出。借方登记已确认收入的其他业务成本，贷方登记销售退回的成本及期末结转数。结转后期末应无余额。本账户可按其他业务的种类进行明细核算。

（五）“税金及附加”账户

该账户属于损益类账户中的费用类，用来核算企业经营活动发生的消费税、城市维护建设税、资源税和教育费附加等相关税费。企业按照规定计算出应负担的销售税金及附加，借记本账户，期末将“税金及附加”结转“本年利润”账户时，贷记本账户，结转后期末应无余额。

（六）“销售费用”账户

该账户属于损益类账户中的费用类，用来核算企业销售商品和材料、提供劳务的过程中发生的各种费用，包括保险费、包装费、展览费、广告费、商品维修费、运输费、装卸费等，以及为销售本企业商品而专设的销售机构（含销售网点、售后服务点等）的职工薪酬、业务费、折旧费等经营费用。借方登记发生的销售费用，贷方登记期末结转“本年利润”账户的数额。结转后期末应无余额。本账户可按费用项目进行明细核算。

（七）“应收账款”账户

该账户属于资产类，用来核算企业因销售产品、材料、提供劳务等经营活动，应向购货单位或接受劳务单位收取的款项。本账户借方登记应收账款的发生数，贷方登记应收账款的收回数。期末借方余额，反映企业尚未收回的应收账款；期末如为贷方余额，反映企业预收的账款。本账户可按债务人进行明细核算。

（八）“应收票据”账户

该账户属于资产类，用来核算企业因销售产品、提供劳务等经营活动而收到的商业汇票。本账户借方登记收到开出、承兑的商业汇票，贷方登记到期收回货款或转销（商业汇票到期对方无款支付要转为应收账款）。期末借方余额，反映企业尚未到期兑现的商业汇票。本账户可按开出、承兑商业汇票的单位进行明细核算。

（九）“预收账款”账户

该账户属于负债类，用来核算企业按照合同规定向购货单位预收的款项。本账户贷方登记收到的预收款项，借方登记销售实现时清偿的预收款项及退回多收的款项。

期末贷方余额表示企业预收的款项，期末借方余额表示尚未转销的款项。预收账款业务不多的企业，可以不设本账户，将预收的款项直接记入“应收账款”账户。本账户按购货单位进行明细账核算。

三、销售过程有关业务的核算实例

【案例资料】2020 年 5 月长江公司发生以下销售业务：

（1）销售本月生产的 A 产品 100 台，单价 3 000 元，增值税为 13%，用现金代垫运费 1 500 元，价税款未收，A 产品的单位成本为 1 062 元。

（2）预收 B 产品货款 200 000 元存入银行。发出 B 产品 80 台，单价 5 000 元，尾款收到一张商业汇票，B 产品的单位成本为 1 212 元。

（3）收回销售 A 产品的欠款。

（4）结转本月销售 A、B 产品的成本。

（5）长江公司用现金支付 500 元广告费。

（6）长江公司将一批价值 50 000 元的修理用备件对外销售，增值税 6 500 元，款项收到存入银行，该修理备件成本 25 000 元。

（7）计算本月应交的销售税金及教育费附加 2 111 元。

以上经济业务的会计分录：

（1）借：应收账款　　340 500

　　贷：主营业务收入——A 产品　　300 000

　　　　应交税费——应交增值税（销项税额）　　39 000

　　　　库存现金　　1 500

（2）借：银行存款　　200 000

　　贷：预收账款　　200 000

　借：预收账款　　452 000

　　贷：主营业务收入——B 产品　　400 000

　　　　应交税费——应交增值税（销项税额）　　52 000

　借：应收票据　　252 000

　　贷：预收账款　　252 000

（3）借：银行存款　　340 500

　　贷：应收账款　　340 500

（4）借：主营业务成本——A 产品　　106 200

　　　　　　　　　——B 产品　　96 960

　　贷：库存商品——A 产品　　106 200

　　　　　　　——B 产品　　96 960

（5）借：销售费用　　500

　　贷：库存现金　　500

（6）借：银行存款　　56 500

贷：其他业务收入 50 000

应交税费——应交增值税（销项税额） 6 500

借：其他业务成本 25 000

贷：原材料 25 000

（7）借：税金及附加 2 111

贷：应交税费 2 111

根据上述业务的会计分录登记入账。

应收账款

借方	贷方
（1）340 500	（3）340 500

主营业务收入

借方	贷方
	（1）300 000
	（2）400 000

库存现金

借方	贷方
	（1）1 500
	（5）500

应收票据

借方	贷方
（2）252 000	

应交税费

借方	贷方
	（1）39 000
	（2）52 000
	（6）6 500
	（7）2 111

借方	银行存款 贷方
(2) 200 000	
(3) 340 500	
(6) 56 500	

借方	预收账款 贷方
(2) 452 000	(2) 200 000
	(2) 252 000

借方	主营业务成本 贷方
(4) 203 160	

借方	库存商品 贷方
	(4) 203 160

借方	销售费用 贷方
(5) 500	

借方	其他业务收入	贷方
		(6) 50 000

借方	其他业务成本	贷方
(6) 25 000		

借方	原材料	贷方
		(6) 25 000

借方	税金及附加	贷方
(7) 2 111		

拓展阅读

金税三期和金税四期

金税三期系统是自2019年以来国家税务总局用来税收管理的信息系统工程，它采用了比较完善的大数据评估及云计算，通过互联网把工商局、公安局、税务局、社保局、质监局、国家统计局、银行等所有行政管理部门全部打通，行政监管，一号连控，使税收征管从凭个人经验管理向依靠大数据分析转变。

2022 年，我国全面建成了金税四期系统，金税四期是金税三期的升级版。金税四期企业信息联网核查系统搭建了各部委、人民银行以及银行等参与机构之间信息共享和核查的通道，实现企业相关人员手机号码、企业纳税状态、企业登记注册信息核查功能。

从金税三期到金税四期，我们明显可以感觉到，国家“织”的“监管网”越来越严密，企业违法成本越来越高。金税四期的推进将会使现在的现代化税收征管系统更加强大，实现“税费”全数据、全业务、全流程的“云化”打通，为智能办税、智慧监管提供条件和基础。

简而言之，企业数据信息的透明化程度更深，监控更全面，同样也意味着，税务稽查将会更严格、更精准、更全方位。想要在税务上动“小聪明”？金税三期和金税四期的眼睛都盯着你呢！

项目三　客观题

项目四　企业期末会计事项的处理

知识目标

1. 了解企业期末会计事项的主要内容
2. 掌握月末财务成果的形成及会计处理
3. 掌握年末财务成果的分配及会计处理
4. 熟悉期末对账、错账更正方法、结账

学银在线微课

技能目标

1. 学会期末损益的结转流程
2. 能够熟练对账、纠错改错和结账

思政目标

1. 培养学生细致谨慎、知错能改的职业素养
2. 引导学生工作有始有终、尽职尽责，做好企业的参谋

任务一　企业月末财务成果形成的处理

任务引入

李会计原来在某事业单位上班，月薪 4 000 元。2018 年年初李会计辞职，投资 600 000元（该资金为个人从银行借入，年利率 4%）开办了一家公司，从事生产并销售体育用品业务，该公司开业一年来，有关收支项目的发生情况如下：

（1）销售体育用品收入 900 000 元；

（2）出租场地的租金收入 150 000 元；

（3）兼营体育培训业务收入 50 000 元；

（4）各种材料的成本 560 000 元；

（5）支付各种税金 130 000 元；

（6）支付员工工资 160 000 元；

（7）购置设备 380 000 元，其中本年设备磨损折旧 14 000 元；

（8）李会计的个人支出 30 000 元。

请大家讨论：如何计算该公司的经营成果？李会计的辞职并创业合适吗？

任务分析

公司经营成果是好还是差，最简单的判断标准是看它盈利还是亏损，而盈亏取决于收支差额，即收大于支还是收小于支。所以，该公司经营成果的计算，只需算出所有归属当期的收入和所有当期的支出，用二者的总额相减就可以得出答案。李会计辞职并创业是否合适就看该公司给他带来的净收益是否高于他在事业单位上班时的所得。

知识学习

一、利润形成主要经济业务内容

所谓利润，是指企业在一定会计期间生产经营活动和其他活动取得的经营成果，包括收入减去费用后的净额，直接计入当期利润的利得和损失等。利润有营业利润、利润总额、净利润（即税后利润）。

净利润＝利润总额－所得税费用

利润总额＝营业利润＋营业外收入－营业外支出

营业利润＝营业收入－营业成本－营业税金及附加－期间费用

－资产减值损失±公允价值变动损益±投资损益

营业收入＝主营业务收入＋其他业务收入

营业成本＝主营业务成本＋其他业务成本

期间费用＝销售费用＋管理费用＋财务费用

所得税费用＝应纳税所得额 × 所得税税率

二、设置的主要账户

（一）“营业外收入”账户

该账户属于损益类账户中的利得类，用来核算企业发生的与企业生产经营无直接关系的各项收入，主要包括非流动资产处置利得、非货币性资产交换利得、债务重组利得、政府补助、盘盈利得、捐赠利得等。本账户贷方登记企业发生的各项营业外收入，借方登记期末转入“本年利润”账户的营业外收入，结转后期末应无余额。本账户可按营业外收入项目设置明细账。

（二）“营业外支出”账户

该账户属于损益类账户中的损失类，用来核算企业发生的与企业生产经营无直接关系的各项支出，主要包括非流动资产处置损失、非货币性资产交换损失、债务重组损失、公益性捐赠支出、盘亏损失、非常损失等。本账户借方登记企业发生的各项营业外支出，贷方登记期末转入“本年利润”账户的营业外支出，结转后期末应无余额。本账户可按营业外支出项目设置明细账。

（三）“财务费用”账户

该账户属于损益类账户中的费用类，用来核算企业为筹集生产经营所需资金等而发生的筹资费用，包括利息支出（减利息收入）、汇兑损益以及相关的手续费、企业发生的现金折扣或收到的现金折扣等。本账户借方登记财务费用的发生数，贷方登记期末结转到“本年利润”账户的数额，结转后期末应无余额。本账户应按财务费用的具体项目进行明细核算。

（四）“所得税费用”账户

该账户属于损益类账户中的费用类，用来核算企业按规定从利润总额中扣除的所得税费用。本账户借方登记按应纳税所得额或利润总额的一定比例计提的所得税费用，贷方登记期末转入“本年利润”账户的所得税费用，结转后期末应无余额。本账户可按“当期所得税费用”“递延所得税费用”进行明细核算。

（五）“本年利润”账户

该账户属于所有者权益类，用来核算企业当期实现的净利润额（或亏损额）。本账户贷方登记期末自有关收入类账户转入的收入数，借方登记期末自有关费用类账户转入的费用支出数。期末本账户若为贷方余额，反映自年初至本期累计实现的利润净额；期末若为借方余额，则表示累计亏损额。年终余额结转“利润分配”账户后，本账户应无余额。

三、利润分配业务的会计处理

【案例资料】2020 年 12 月长江公司发生以下利润形成有关业务：

（1）将前期无法支付的应付账款 18 000 元转账；

（2）向灾区捐款现金 5 000 元；

（3）没收包装物押金 6 000 元；

（4）将本月所有损益类账户结转至本年利润。

以上经济业务的会计分录：

（1）借：应付账款	18 000	
贷：营业外收入		18 000
（2）借：营业外支出	5 000	
贷：库存现金		5 000
（3）借：其他应付款	6 000	

贷：营业外收入		6 000
(4) 借：主营业务收入	700 000	
其他业务收入	50 000	
营业外收入	24 000	
贷：本年利润		774 000
借：本年利润	257 271	
贷：主营业务成本		203 160
其他业务成本		25 000
税金及附加		2 111
管理费用		19 500
财务费用		2 000
销售费用		500
营业外支出		5 000

上述业务的会计分录用“T”形账户表示如下：

应付账款

借方	贷方
	(1) 18 000

营业外收入

借方	贷方
(4) 24 000	(1) 18 000
	(3) 6 000

营业外支出

借方	贷方
(2) 5 000	(4) 5 000

借方	库存现金	贷方
		(2) 5 000

借方	其他应付款	贷方
(3) 6 000		(1) 18 000

借方	主营业务收入	贷方
(4) 700 000		

借方	其他业务收入	贷方
(4) 50 000		

借方	本年利润	贷方
(4) 257 271		(4) 774 000

借方	主营业务成本 贷方
	（4）203 160

借方	其他业务成本 贷方
	（4）25 000

借方	管理费用 贷方
	（4）19 500

借方	销售费用 贷方
	（4）500

借方	财务费用 贷方
	（4）2 000

借方	税金及附加	贷方
		(4) 2 111

拓展阅读

企业的税务会计

会计人员如果缺乏相关税务会计系统知识，就无法准确地计算税金并进行申报纳税，更谈不上进行所谓的税收筹划，只能机械地接受税务机关的指示或处理。所以，现在越来越多的企业设置了“税务会计”岗位，配备了既懂税法、税制，又精通会计业务的专门税务会计人员，使企业在履行纳税义务的同时，也能充分享受纳税人的权利，如申请减税、免税、退税；对税务处罚要求举行听证、向上一级税务机关提出复议；在税收规定允许的前提下综合权衡各种投资方案、经营方案与纳税方案，使其形成最佳组合（即进行税务筹划），从而达到既合法纳税，又可使税收负担最低化、降低纳税风险，实现利润最大化的目的。企业税务会计，不仅可以帮助企业及时、正确地履行纳税义务，还能对企业税务活动进行研究，有助于税务机关发现税收征管的薄弱环节及税制的不完善之处，从而促进税收征管走上法制化、规范化的轨道。

任务二　企业年末财务成果分配的处理

一、企业年末财务成果分配的内容

利润分配是指根据企业法律、董事会或类似权力机构提请股东大会或类似权力机构批准的、对企业可供分配利润指定其特定用途和分配给投资者的行为。

可供分配的利润＝当年实现的净利润＋年初未分配利润（－年初未弥补亏损）＋其他转入

企业当年实现净利润，首先弥补以前年度未弥补的亏损，然后按照下列顺序进行分配。

1. 提取盈余公积（以国家法律法规为依据）

公司制企业按净利润的10%提取，其他企业可以根据需要确定提取比例，但不得低于10%。企业提取的法定盈余公积累计额超过注册资本的50%以上的，可以不再提取。

2. 提取任意盈余公积（由企业的机构自行决定）

公司制企业可根据股东大会的决议提取任意盈余公积，其他企业经类似的权力机构批准后，也可提取任意盈余公积。

3. 向投资者分配利润或股利

企业实现的净利润在扣除上述项目后，再加上年初未分配利润和其他转入数，形成可供投资者分配的利润。

二、设置的主要账户

（一）“利润分配”账户

该账户属于所有者权益类，用来核算企业利润的分配（或亏损的弥补）和历年分配（或弥补）后的余额。其借方登记利润已分配额和亏损转入额，贷方登记利润转入额和亏损的弥补额。年末贷方余额，表示企业的未分配利润；年末借方余额，表示企业的未弥补亏损。本账户应按“提取法定盈余公积”“提取任意盈余公积”“应付股利”“盈余公积补亏”和“未分配利润”等进行明细核算。年末，应将“利润分配”账户所属其他明细账户的余额转入本账户“未分配利润”明细账户中。结转后，除“未分配利润”明细账户外，其他明细账户应无余额。

（二）“盈余公积”账户

该账户属于所有者权益类，用来核算企业从净利润中提取的盈余公积。其贷方登记提取的盈余公积，借方登记实际使用的盈余公积。期末余额在贷方，表示结余的盈余公积。本账户应当分别按“法定盈余公积”“任意盈余公积”进行明细核算。

（三）“应付股利”账户

该账户属于负债类，用来核算企业分配的现金股利或利润。其贷方登记应付给投资人股利或利润，借方登记实际支付给投资人的股利或利润。期末余额在贷方，表示尚未支付的股利或利润。本账户可按投资者进行明细核算。需要注意的是，企业分配给投资人的股票股利不在本账户核算，而应计入“股本”账户。

三、利润分配有关业务的核算实例

【案例资料】承前例，2020 年 12 月长江公司发生以下利润分配有关业务：

（5）按利润总额的 25％计算并结转本月所得税；

（6）按净利润的 10％计提法定盈余公积；

（7）按净利润的 20％向投资者分配利润；

（8）完成年终结转。

以上经济业务的会计分录：

（5）借：所得税费用	129 182.25	
贷：应交税费——应交所得税		129 182.25

借：本年利润　　129 182.25
　　贷：所得税费用　　129 182.25
（6）借：利润分配——提取法定盈余公　　38 754.68
　　贷：盈余公积　　38 754.68
（7）借：利润分配——应付股利　　77 509.35
　　贷：应付股利　　77 509.35
（8）借：本年利润　　387 546.75
　　贷：利润分配——未分配利润　　387 546.75
借：利润分配——未分配利润　　116 264.03
　　贷：利润分配——提取法定盈余公积　　38 754.68
　　　　　　——应付股利　　77 509.35

根据上述业务的会计分录登记入账。

本年利润

借方	贷方
（4）257 271	（4）774 000
（5）129 182.25	
（8）387 546.75	

所得税费用

借方	贷方
（5）129 182.25	（5）129 182.25

应交税费

借方	贷方
	（5）129 182.25

利润分配

借方	贷方
(6) 38 754.68	(8) 38 754.68
(7) 77 509.35	(8) 77 509.35
(8) 116 264.03	

盈余公积

借方	贷方
	(6) 38 754.68

应付股利

借方	贷方
	(7) 77 509.35

项目四　客观题

项目四　主观题

项目五　会计凭证

知识目标

1. 了解会计凭证的概念与作用、会计凭证的传递
2. 熟悉原始凭证与记账凭证的种类、会计凭证的保管
3. 掌握原始凭证的填制、记账凭证的填制、凭证的审核

学银在线微课

技能目标

1. 能够识别相关的原始凭证
2. 经济业务发生时，能够正确填制和审核原始凭证
3. 依据原始凭证，能够正确填制和审核记账凭证

思政目标

1. 培养学生严谨细致、一丝不苟的工作作风
2. 引导学生坚守诚实守信、客观公正的职业操守

任务一　会计凭证的意义与种类

任务引入

武汉铸机厂是一家国有企业，会计专业学生小路在该厂进行毕业实习。有一天，小路在翻阅以往会计凭证时，发现该厂一张记账凭证上的会计分录为

借：原材料——生铁　　150 000

　　贷：应收账款——东风汽车有限公司　　150 000

但是，购进生铁没有发票，也没有收料单，只是在记账凭证下面附了一张由该厂开具给东风汽车有限公司的收款收据，而东风汽车有限公司并不对外经销生铁。后来，小路从一位老会计那里了解到真实情况：原来是该厂以购生铁为名，行购车抵债之实。东风汽车有限公司以一台自产小轿车抵偿了欠该厂的货款。看到小路一脸的疑惑，老会计并不以为然，认为这在企业都是正常的，没什么大不了，并劝小路多学点实际的东西。

任务分析

“空口无凭，立字为证”，任何经济业务的发生都必须有证明经济业务发生的凭据，这是个很简单的道理。作为一名会计人员，不仅要明白这个道理，更应该从专业的角度来分析，那么我们下面就得弄清楚以下问题：发票的作用是什么？什么是原始凭证？记账凭证又是什么？记账凭证的以什么为填制依据？

知识学习

一、会计凭证的概念与作用

（一）会计凭证的概念

会计凭证是指记录经济业务发生或完成情况的书面证明，是登记账簿的依据。例如，购买材料时，销货方开具的发票；材料入库时，保管员填制的入库单；发出材料时，领用人填制的领料单等。发票、入库单、领料单等都是会计凭证。会计人员将收到的发票、入库单、领料单等单据进行归类、整理后填制的记账凭证就是会计凭证。

任何一个企事业单位，为了有效地核算和监督其经济业务的发生和完成情况，确保会计信息的真实、准确、完整、合法、合理，都必须按照规定的要求填制并审核会计凭证。填制和审核会计凭证是会计核算工作的起点和基本环节。

（二）会计凭证的作用

会计凭证的存在可以提供会计信息，会计人员通过会计凭证，对日常大量、分散的各种经济业务，进行整理、分类、汇总，并经过会计处理，为经济管理提供有用的会计信息。

1. 记录经济业务，提供记账依据

任何单位对所发生的每一项经济业务都必须按照规定的程序和要求，由经办经济业务的有关人员填制或者取得会计凭证（图 5－1），并在会计凭证上写明经济业务的内容。一切会计凭证都应由专人进行审核，合理、合法、真实的会计凭证为账簿记录提供了真实、可靠的依据。

图 5－1 会计凭证

2. 明确经济责任，强化内部控制

任何会计凭证除记录有关经济业务的基本内容外，还必须由有关部门和人员签章，这样可以对会计凭证所记录经济业务的合法性、合法性和真实性等负责，防止舞弊行为，强化内部控制。

3. 监督经济活动，控制经济运行

审核会计凭证可以发挥会计的监督作用。通过会计凭证的审核，我们可以查明每一项经济业务是否真实发生，是否符合国家有关法律、法规、制度的规定，是否符合计划、预算进度，是否有违法乱纪、铺张浪费等行为。对查出的问题，应积极采取措施予以纠正，实现对经济活动的事中控制，保证经济活动健康进行。

二、会计凭证的种类

会计凭证按照填制的程序和用途不同，分为原始凭证和记账凭证两类（图 5－2）。

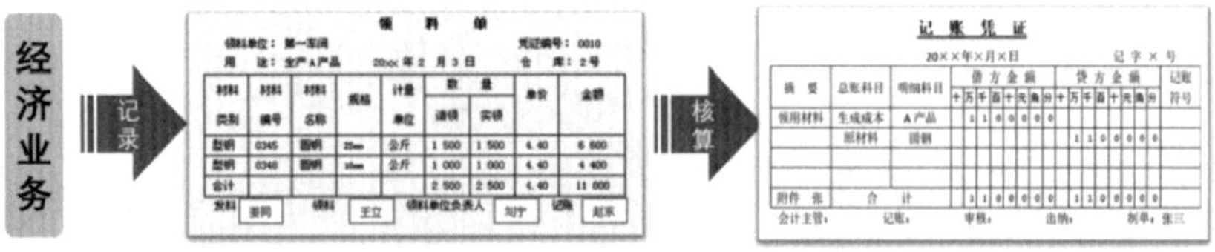

图 5－2　原始凭证与记账凭证的填制流程

（一）原始凭证

原始凭证又称单据，是在经济业务发生或完成时取得或填制的，用以记录或证明经济业务的发生或完成情况的文字凭据。它不仅能用来记录经济业务发生或完成情况，还可以明确经济责任，是进行会计核算工作的原始资料和重要依据，是会计资料中最具有法律效力的一种文件。常用的原始凭证有发票、材料入库单、借款单、支票、银行进账单等，如图 5－3 所示的为普通发票示例。

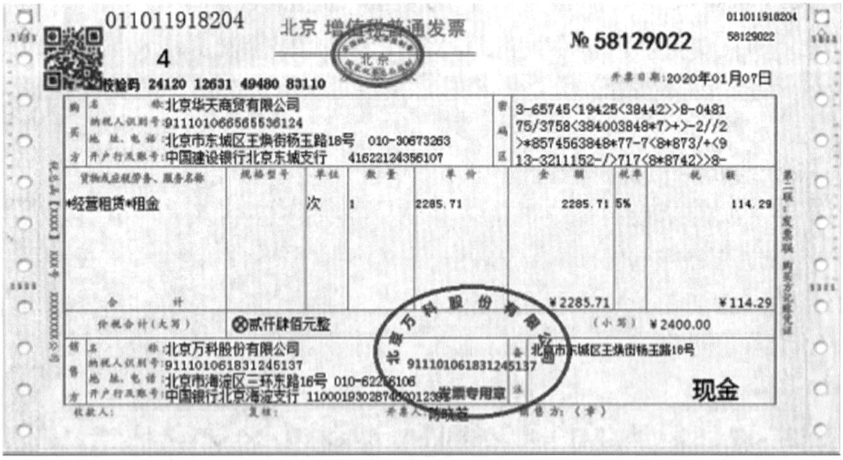

011011918204　北京增值税普通发票　№ 58129022
011011918204
58129022
开票日期：2020年01月07日
校验码 24120 12631 49480 83110

购买方　名称：北京华天商贸有限公司
纳税人识别号：911101066565536124
地址、电话：北京市东城区王焕街杨王路18号 010-30673263
开户行及账号：中国建设银行北京东城支行 41622124356107

密码区：3-65745<19425<38442>>8-0481 75/3758<384003848*7>+>-2//2 >*8574563848*77-7<8*873/+<9 13-3211152-/>717<8*8742>>8-

货物或应税劳务、服务名称	规格型号	单位	数量	单价	金额	税率	税额
*经营租赁*租金		次	1	2285.71	2285.71	5%	114.29
合计					¥2285.71		¥114.29

价税合计（大写）⊗贰仟肆佰元整　（小写）¥2400.00

销售方　名称：北京万科股份有限公司
纳税人识别号：911101061831245137
地址、电话：北京市海淀区三环东路16号 010-62216106
开户行及账号：中国银行北京海淀支行

备注：北京市东城区王焕街杨王路18号　现金

收款人：　复核：　开票人：　销售方：（章）

图 5－3　普通发票示例

原始凭证主要发挥会计凭证记录经济业务、明确经济责任的作用。不能证明经济业务已发生或完成情况的各种单证不能作为原始凭证，比如请购单、购销合同、银行对账单、盘点单等，这些单据只能当作主要原始凭证的附件。

【例 5－1·判断题】企业在与外单位发生的任何经济业务中，取得的各种书面证明都是原始凭证。（　　）

【正确答案】×

【答案解析】比如购销合同、购货申请单等书面凭证，并不是原始凭证。

（二）记账凭证

记账凭证又称记账凭单，是会计人员根据审核无误的原始凭证按照经济业务事项的内容加以分类，并据以确定会计分录后所填制的会计凭证。它是登记账簿的直接依据。常用的记账凭证有收款凭证、付款凭证、转账凭证和通用记账凭证（表 5－1）。记账凭证主要发挥会计凭证作为记账依据的作用。

表 5－1 记账任证

记 账 凭 证

年 月 日

总号________

分号________

摘要	总账科目	明细科目	√	借方金额										贷方金额									
				千	百	十	万	千	百	十	元	角	分	千	百	十	万	千	百	十	元	角	分
合计																							

附件 张

会计主管 记账 审核 出纳 制单

【例 5－2·单选题】会计凭证按其（ ）不同，分为原始凭证和记账凭证。

A. 填制人员和程序

B. 填制程序和方法

C. 填制格式和手续

D. 填制程序和用途

【正确答案】D

【答案解析】会计凭证按照填制的程序和用途不同，分为原始凭证和记账凭证两类。

任务二 原始凭证的填制与审核

一、原始凭证的种类

（一）按取得的来源分类

原始凭证按其取得的来源不同，可分为自制原始凭证和外来原始凭证两类。

1. 自制原始凭证

自制原始凭证是指在经济业务事项发生或完成时，由本单位内部经办部门或人员填制的凭证。如收料单、领料单、开工单、成本计算单、出库单等。

2. 外来原始凭证

外来原始凭证是指在同外单位发生经济往来事项时，从外单位取得的凭证。如发票，飞机和火车的票据，银行收付款通知单，企业购买商品、材料时从供货单位取得的发货票等。

（二）按照格式分类

原始凭证按其格式不同分为通用原始凭证和专用原始凭证。

1. 通用原始凭证

由有关部门统一印制、在一定范围内使用的具有统一格式和使用方法的原始凭证。如全国通用的增值税发票、银行转账结算凭证等。

2. 专用原始凭证

由单位自行印制、仅在本单位内部使用的原始凭证，如收料单、领料单、工资费用分配单、折旧计算表等。

（三）按填制的手续和内容分类

原始凭证按其填制的手续和内容不同分为一次原始凭证、累计原始凭证和汇总原始凭证。

1. 一次原始凭证

一次凭证应在经济业务发生或完成时，由相关业务人员一次填制完成。该凭证往往只能反映一项经济业务，或者同时反映若干项同一性质的经济业务，如收料单、领料单、报销凭单等（图 5－4）。

2. 累计原始凭证

累计凭证应在每次经济业务完成后，由相关人员在同一张凭证上重复填制完成。该凭证能在一定时期内不断重复地反映同类经济业务的完成情况，如限额领料单（图 5－5）。

收 料 单

2020年05月10日　　　　编码:01

材料编号	材料名称	规格	材质	单位	数量		实际单价	材料金额	运杂费	合计(材料实际成本)
					应收	实收				
A01	丙酮	SW10	------	千克	2000	2000	120	240000	0	240000
供货单位	上海新科化工厂		结算方法		转账结算			合同号 Q058	计划单价	材料/计划成本
备注	------								--------	------

业务联

主管:　　质量检验员:　　仓库验收:　　经办人:杨崇勇

图 5－4　收料单

限额领料单

领料部门：第四生产车间　　凭证编号：00000812

用途：生产精品纸张　　2020年02月一日　　发料仓库：第四仓库

材料类别	材料编号	材料名称及规格	计量单位	领用限额	实际领用	单价	金额	备注
原材料	A001	红麻纤维纸浆（A级	吨	120	100			

供应部门负责人：刘丽娟　　生产计划部门负责人：

日期	数量		领料人签章	发料人签章	扣除代用数量	退料			限额结余
	请领	实发				数量	收料人	发料人	
20200201	50	50	赵学猛	梁立韵					70
20200211	40	40	赵学猛	梁立韵					30
20200221	10	10	赵学猛	梁立韵					20

第一联会计联

图 5－5　限额领料单

3. 汇总原始凭证

汇总原始凭证应由相关人员在汇总一定时期内反映同类经济业务的原始凭证后填制完成。该凭证只能将类型相同的经济业务进行汇总，不能汇总两类或两类以上的经济业务，如发出材料汇总表、工资结算汇总表、差旅费报销单（表 5－2）。

表 5－2　发出材料汇总表

项　目	甲材料		乙材料		丙材料		金额合计
	数量（千克）	金额（元）	数量（千克）	金额（元）	数量（千克）	金额（元）	
生产 A 产品耗用	1 000	6 000	600	1 200	2 000	16 000	23 200
生产 B 产品耗用	1 000	6 000	300	600	1 000	8 000	14 600
小计	2 000	12 000	900	1 800	3 000	24 000	37 800
车间一般耗用	500	3 000			100	800	3 800
行政管理部门耗用			100	200			200
合计	2 500	15 000	1 000	2 000	3 100	24 800	41 800

二、原始凭证的基本内容

任何一张原始凭证都必须同时具备一些相同的内容，这些内容被称为原始凭证的基本内容或基本要素。原始凭证的基本内容包括以下几个方面：

（1）原始凭证的名称；

（2）填制凭证的日期；

（3）填制凭证单位名称或者填制人姓名；

（4）接受凭证单位名称；

（5）经济业务内容；

（6）数量、单价和金额；

（7）经办人员的签名或者盖章。

除应当具备原始凭证的上述内容外，还应当有以下的附加条件：

（1）从外单位取得的原始凭证，应使用统一发票，发票上应印有税务专用章，必须加盖填制单位的公章；

（2）自制的原始凭证，必须要有经办单位负责人或者由单位负责人指定的人员签名或者盖章；

（3）支付款项的原始凭证，必须要有收款单位和收款人的收款证明，不能仅以支付款项的有关凭证代替；

（4）购买实物的原始凭证，必须有验收证明；

（5）销售货物发生退回并退还货款时，必须以退货发票、退货验收证明和对方的收款收据作为原始凭证；

（6）职工公出借款填制的借款凭证，必须附在记账凭证之后；

（7）经上级有关部门批准的经济业务事项，应当将批准文件作为原始凭证附件。

三、原始凭证的填制要求

（一）基本要求

原始凭证是具有法律效力的证明文件，是进行会计核算的原始依据，必须认真填制。为了保证原始凭证能清晰地反映各项经济业务的真实情况，原始凭证的填制必须符合以下要求：

1. 记录要真实

原始凭证中应填写的项目和内容必须真实地、正确地反映经济业务的原貌。无论日期、内容、数量和金额都必须如实填写，不能以估算和匡算的数字填列，更不能弄虚作假，改变事实的真相。

2. 内容要完整

原始凭证中应填列的项目必须逐项填列齐全，不得遗漏和省略。年、月、日要按照填制原始凭证的实际日期填写；名称要齐全，不能简化；品名或用途要填写明确，不能含糊不清；有关人员的签章必须齐全。

3. 手续要完备

单位自制的原始凭证必须有经办单位领导人或者指定的人员签名或者盖章；对外开出的原始凭证必须加盖本单位公章；从外部取得的原始凭证，必须盖有填制单位的公章；从个人取得的原始凭证，必须有填制人员的签名或盖章。

4. 编号要连续

各种凭证应当连续编号，以便查考。如果原始凭证已预先印定编号（如发票、支票等重要凭证），在写坏作废时，应加盖“作废”戳记，妥善保管，不得撕毁。

5. 书写要清楚、规范

原始凭证要用蓝色或黑色笔书写，字迹清楚、规范，不得使用未经国务院公布的简化汉字；填写支票必须使用碳素笔；一式几联的原始凭证必须一次套写清楚，做到不串行、不串格、不模糊，并注明各联的用途。数字金额的书写要符合下列要求：

（1）汉字大写金额的书写要求

零、壹、贰、叁、肆、伍、陆、柒、捌、玖、拾、佰、仟、万、亿。用正楷或者行书体书写，不得随意使用简化字或非上述大写写法；大写金额前未印有“人民币”字样的，应加写“人民币”三个字，“人民币”字样和大写金额之间不得留有空白；大写金额到元或角为止的，后面要写“整”或“正”字；有分的，不写“整”或“正”字。例如，小写金额为￥1008.00元，大写金额应写成“人民币壹仟零捌元整”；小写金额为￥1008.50元，大写金额应写成“人民币壹仟零捌元伍角整”；小写金额为￥1008.55元，大写金额应写成“人民币壹仟零捌元伍角伍分”。

阿拉伯金额数字之间有“0”时，汉字大写金额应写“零”字；阿拉伯金额数字中间连续有几个“0”时，大写金额中可以只写一个“零”字；阿拉伯金额数字元位为“0”或者数字中间连续有几个“0”，但角位不是“0”时，汉字大写金额可以只写一个“零”字，也可以不写“零”字。

（2）小写数字金额的书写要求

小写金额用阿拉伯数字逐个填写，不得连笔写。在金额前要填写人民币符号“￥”，人民币符号“￥”与阿拉伯数字之间不得留有空白，如￥2 000.00元。凡阿拉伯金额数字前写有货币币种符号的，数字后面不再写货币单位。金额数字一律填写到角、分；无角、分的，写“00”或符号“—”；有角无分的，分位写“0”，不得用符号“—”。

凡填有大写和小写金额的原始凭证，大写与小写的金额必须相符。大小写必须符合规范。

6. 填制要及时

原始凭证应在经济业务发生或完成时及时填制，并按规定的程序和手续交至有关业务部门和会计部门，以便及时办理后续业务，并进行审核和记账。

7. 不得涂改、刮擦和挖补

原始凭证发现错误或无法辨认的，不得涂改、刮擦和挖补。正确的处理方法：未入账的原始凭证，应退回填制单位或填制人员补填、更正，更正处应当加盖开出单位的公章；原始凭证金额有错误的，应当由出具单位重开，不得在原始凭证上更正；已经入账的原始凭证，不能抽出，应另外以正确原始凭证进行更正。

（二）常见原始凭证的填制

1. 填制增值税专用发票

增值税专用发票是一般纳税人于销售货物或者提供劳务时开具的销货发票，基本联次为三联：记账联、抵扣联和发票联。第一联为记账联，销售方的记账凭证；第二联为抵扣联，购买方税款抵扣凭证；第三联为发票联，购买方的结算凭证。增值税发票填写注意事项：

（1）增值税专用发票必须由计算机填开，手写无效。

（2）按照增值税纳税义务的发生时间开具。

（3）“购货单位”相关信息根据购货方提供的相关资料填写。

（4）“密码区”由开票系统自动生成，无须输入。

（5）发票上内容项目填写齐全，与实际交易相符，字迹清楚，不得压线、错格。

（6）“销货单位”相关信息由计算机自动生成。

（7）发票联和抵扣联加盖财务专用章或销货单位发票专用章。

【例 5－3】2020 年 05 月 21 日，北京欧科经贸发展有限公司销售给上海华隆贸易有限公司一批商品，请开具增值税专用发票（税率 13%）。

所开增值税专用发票如图 5－6 所示。

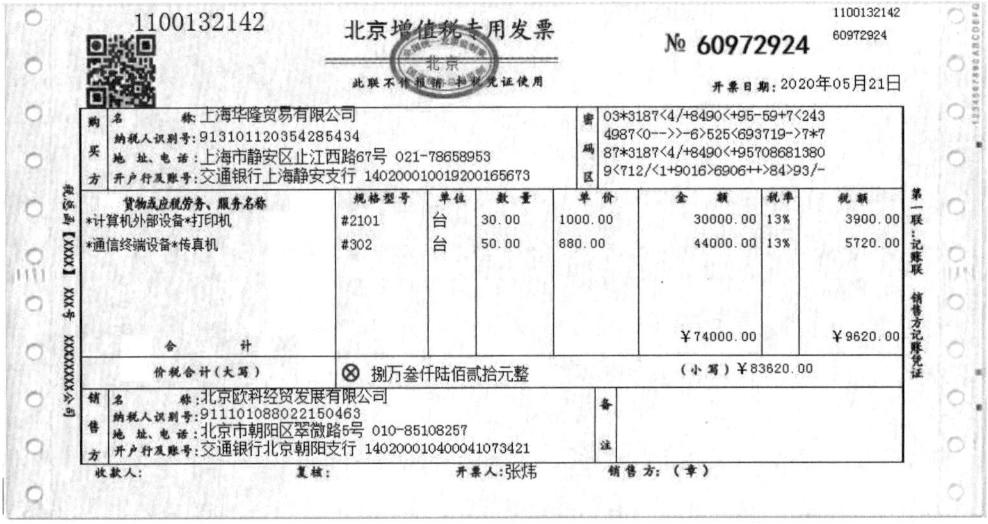

1100132142 北京增值税专用发票 № 60972924 1100132142 60972924

此联不作报销、扣税凭证使用 开票日期：2020年05月21日

购买方 名称：上海华隆贸易有限公司
纳税人识别号：913101120354285434
地址、电话：上海市静安区止江西路67号 021-78658953
开户行及账号：交通银行上海静安支行 140200010019200165673

密码区：
03*3187<4/+8490<+95-59+7<243
4987<0-->>-6>525<693719->7*7
87*3187<4/+8490<+95708681380
9<712/<1+9016>6906++>84>93/-

货物或应税劳务、服务名称	规格型号	单位	数量	单价	金额	税率	税额
*计算机外部设备*打印机	#2101	台	30.00	1000.00	30000.00	13%	3900.00
*通信终端设备*传真机	#302	台	50.00	880.00	44000.00	13%	5720.00
合计					￥74000.00		￥9620.00
价税合计（大写）	⊗ 捌万叁仟陆佰贰拾元整				（小写）￥83620.00		

销售方 名称：北京欧科经贸发展有限公司
纳税人识别号：911101088022150463
地址、电话：北京市朝阳区翠微路5号 010-85108257
开户行及账号：交通银行北京朝阳支行 140200010400041073421

备注

收款人： 复核： 开票人：张炜 销售方：（章）

第一联：记账联 销售方记账凭证

税总函【XXXX】XXX号 XXXXXXXX公司

图 5－6　所开增值税专用发票

2. 填制支票

支票是出票人签发，委托办理支票存款业务的银行或者其他金融机构在见票时无条件支付确定的金额给收款人或持票人的票据。按照支付票款的方式不同，支票分为现金支票、转账支票和普通支票。现金支票只能用于提取现金；转账支票只能用于转账；普通支票既可以用于支取现金，也可以用于转账。签发支票时，应注意：

（1）应用黑色墨水（碳素墨水）笔填写支票。

（2）支票正联的出票日期应大写。为防止变造票据的出票日期，在填写月份时，拾月、拾壹月和拾贰月前须加“壹”，壹月、贰月和壹拾月前须加“零”字；在填写日时，壹日至玖日、壹拾日、贰拾日、叁拾日前须加“零”，拾壹日至拾玖日前须加“壹”。例如，2020 年 12 月 5 日应写成：贰零贰零年壹拾贰月零伍日。又如，2020 年 2 月 10 日应写成：贰零贰零年零贰月零壹拾日。

（3）收款人。当现金支票收款人为本单位时，须在现金支票背面“被背书人”栏内加盖本单位的财务专用章和法人章。当现金支票收款人为个人时，收款人须在现金支票背面填上身份证号码和发证机关名称，凭身份证和现金支票签字领款；当现金支票为单位时，转账支票收款人一栏应填写对方单位名称，收款单位取得转账支票后，在支票背面被背书栏内加盖单位财务专用章和法人章，填写好银行进账单后连同该支票交给收款单位的开户银行，委托银行收款。

（4）付款行名称、出票人账号应填写本单位开户银行名称及银行账号。

（5）金额。阿拉伯小写金额数字前均应填写人民币符号“¥”，支票大小写金额应当保持一致。

（6）用途。现金支票有一定限制，一般填写“备用金”“差旅费”“工资”“劳务费”等；转账支票没有具体规定。

（7）盖章。支票正面盖财务专用章和法人章，缺一不可，印泥为红色，印章必须清晰。

（8）收款人、出票日期与金额不得更改，否则无效，填写错误时只能作废重开。受票人如果发现支票填写不全，可以补记，但不能够涂改。

【例 5－4】2020 年 2 月 10 日，北京丽人贸易有限公司销售员林建国预借差旅费 2 500.00元，出纳签发现金支票给林建国（签发支票给个人），请填制现金支票。

所填现金支票如图 5－7 所示。

图 5－7 现金支票

3. 填制银行进账单

银行进账单是持票人或收款人将票据款项存入银行账户的凭证，也是银行将票据款项记入收款人账户的凭证。银行进账单分为三联式进账单和二联式进账单。二联式进账单的第一联为给持票人的收账通知，第二联为银行的贷方凭证。银行进账单填写注意事项：

（1）根据转账支票填写。

（2）出票人为转账支票的出票人。

（3）票据种类为转账支票。

【例 5－5】2020 年 10 月 13 日，出纳收到银行汇票去银行办理进账，填制进账单。

进账单如图 5－8 所示。

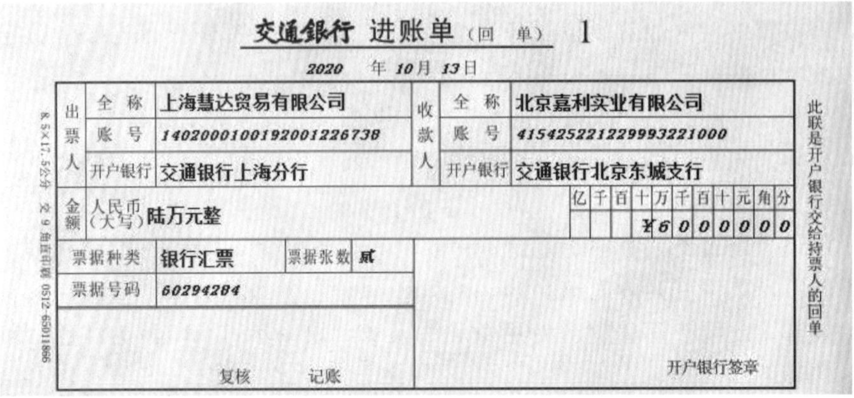

交通银行 进账单（回 单） 1

2020 年 10月 13日

出票人	全 称	上海慧达贸易有限公司	收款人	全 称	北京嘉利实业有限公司
	账 号	1402000100192001226738		账 号	415425221229993221000
	开户银行	交通银行上海分行		开户银行	交通银行北京东城支行
金额	人民币（大写）	陆万元整		亿千百十万千百十元角分	¥6000000
票据种类	银行汇票	票据张数	贰		
票据号码	60294284				
复核 记账				开户银行签章	

此联是开户银行交给持票人的回单

8.5×17.5公分 文9角宣印制 0512-65011866

图 5-8 进账单

三、原始凭证的审核

为了如实核算经济业务的发生和完成情况，充分发挥会计的监督职能，保证核算资料的真实性、正确性和合法性，会计机构、会计人员必须对原始凭证进行严格认真的审核。只有经过严格审核无误后的原始凭证，才能作为记账的依据。

（一）原始凭证审核的内容

原始凭证的审核主要包括以下几个方面的内容：

1. 真实性审核

原始凭证作为会计核算最直接的原始依据，其真实性对会计信息的质量具有决定性的影响。真实性审核即审核凭证所反映的内容是否符合所发生的实际情况，数字、文字有无伪造、涂改、重复使用、大头小尾和各联之间数字不符等情况。特别要注意的是：

（1）内容记载是否清晰，有无掩盖事情真相的现象。

（2）凭证抬头是否为本单位。

（3）数量、单价与金额是否相符。

（4）认真核对笔迹，有无模仿领导笔迹签字冒领现象。

（5）有无涂改，有无添加内容和金额。

（6）有无移花接木的凭证。

2. 合法性审核

审核原始凭证的合法性，这是对原始凭证进行实质性的审核，也是重要的审核。审核所发生的经济业务是否符合国家有关规定的要求，有否违反财经制度的现象；原始凭证中所列的经济业务事项是否真实，有无弄虚作假情况。例如，在审核原始凭证中发现有多计或少计的收入、费用，擅自扩大开支范围、提高开支标准，巧立名目、虚报冒领、滥发奖金、津贴等违反财经制度和财经纪律的情况，不仅不能作为合法真实的原始凭证，而且要按规定进行处理。

3. 合理性审核

审核所发生的经济业务是否符合厉行节约、反对浪费、有利于提高经济效益的原则，有否违反该原则的现象。例如，经审核原始凭证后确定有突击使用预算结余购买不需要的物品，有对陈旧过时设备进行大修理等违反上述原则的情况，不能作为合理的原始凭证。

4. 正确性审核

审核原始凭证在计算方面是否存在失误。例如，经审核凭证后，确定有业务内容摘要与数量、金额不相对应，业务所涉及的数量与单价的乘积与金额不符、金额合计错误等情况，不能作为正确的原始凭证。

5. 完整性审核

完整性审核主要是审核原始凭证各个项目是否填写齐全，凭证中应有的印章、签名是否齐全，审批手续是否健全等。特别应注意的是：

（1）购买商品、实物的各种原始凭证，必须附有保管人的验单或其他领用者签名才能受理。

（2）对外支付款项的凭证应附有收款人的收款手续方能转账注销。

（3）自制的原始凭证附有原始单据的，要审核金额是否相符；无原始单据的是否有部门负责人的批准、签章。

6. 及时性审核

审核经济业务发生或完成时是否及时填制了有关原始凭证，是否及时进行了凭证的传递。审核时应注意审查凭证的填制日期，尤其是支票、银行汇票、银行本票等时效性较强的原始凭证，更应仔细验证其签发日期。

（二）原始凭证审核结果的处理

（1）对于完全符合要求的原始凭证，应及时编制记账凭证入账。

（2）对于真实、合理、合法但不完整的会计原始凭证，应退回有关经办人，将有关凭证补充完整，更正错误或重开后，再办理会计手续。但原始凭证金额出现错误的不得更正，只能由原始凭证开具单位重新开具。

（3）对于不真实、不合法的原始凭证，会计机构、会计人员有权不予接受并向单位负责人报告，请求查明原因，追究有关当事人的责任。

【例 5－6·选择题】会计机构和会计人员对不真实、不合法的原始凭证和违法收支，应当（　　）。

A. 予以退回

B. 予以纠正

C. 不予接受

D. 不予接受，并向单位负责人报告

【正确答案】D

【答案解析】对于不真实、不合法的原始凭证，会计机构、会计人员有权不予接受，并向单位负责人报告。

（三）原始凭证错误的更正

（1）原始凭证记载的各项内容均不得涂改，随意涂改原始凭证即为无效凭证，不能作为填制记账凭证或登记会计账簿的依据。

（2）原始凭证所记载的内容有错误的，应当由出具单位重开或更正，更正工作必须由原始凭证出具单位进行，并在更正处加盖出具单位印章；重新开具原始凭证也应当由原始凭证出具单位进行。

（3）原始凭证金额有错误的不得更正，只能由原始凭证出具单位重开，以防有关人员利用职权进行舞弊。

【例 5－7 · 选择题】发现金额有错误的原始凭证，正确的做法是（　　）。

A. 由出具单位在原始凭证上更正

B. 由出具单位在原始凭证上更正，并加盖出具单位印章

C. 由出具单位重开

D. 本单位代替出具单位进行更正

【正确答案】C

【答案解析】发现金额有错误的原始凭证，应由出具单位重开。

任务三　记账凭证的填制与审核

一、记账凭证的种类

记账凭证可以按不同的标准进行分类，按照用途可分为专用记账凭证和通用记账凭证；按照填列方式可分为单式记账凭证和复式记账凭证。

（一）按凭证的用途分类

1. 专用记账凭证

专用记账凭证是指分类反映经济业务的记账凭证，按其反映的经济业务内容，可分为收款凭证、付款凭证和转账凭证（表 5－3～表 5－5）。

表 5－3　收款凭证

收　款　凭　证　　　　总号________

借方科目：　　　　年　月　日　　　　分号________

摘　要	贷方科目	明细科目	√	金额									
				千	百	十	万	千	百	十	元	角	分
合　计													

附件　张

会计主管　　记账　　审核　　出纳　　制单

表 5-4 付款凭证

付 款 凭 证

总号________

贷方科目：　　　　　　　　年　月　日　　　　　　　　分号________

摘　要	贷方科目	明细科目	√	金　额									
				千	百	十	万	千	百	十	元	角	分
合　计													

附件　张

会计主管　　　记账　　　审核　　　出纳　　　制单

表 5-5 转账凭证

转 账 凭 证

总号________

年　月　日　　　　　　　　分号________

摘　要	总账科目	明细科目	√	借方金额										贷方金额									
				千	百	十	万	千	百	十	元	角	分	千	百	十	万	千	百	十	元	角	分
合　计																							

附件　张

会计主管　　　记账　　　审核　　　出纳　　　制单

（1）收款凭证

收款凭证进一步分为现金收款凭证和银行存款收款凭证，是专门用于记录库存现金和银行存款收款业务的记账凭证。收款凭证根据有关现金和银行存款收入业务的原始凭证填制的，是登记现金日记账、银行存款日记账以及有关明细账和总账账簿的依据（图 5-9）。

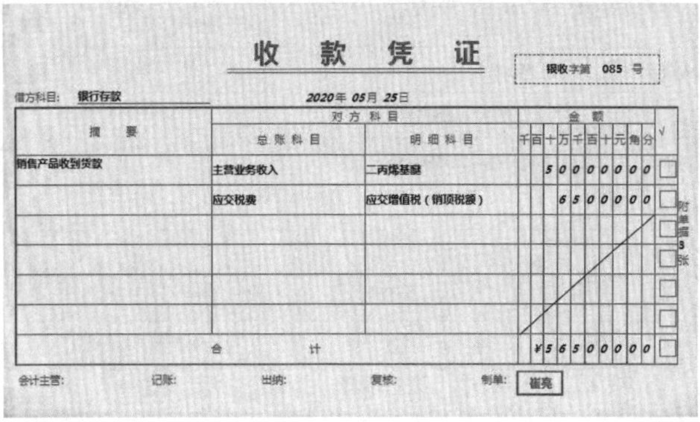

收 款 凭 证

银收字第 085 号

借方科目：银行存款　　　　2020年 05月 25日

摘　要	对方科目		金额										√
	总账科目	明细科目	千	百	十	万	千	百	十	元	角	分	
销售产品收到货款	主营业务收入	二丙烯基醚			5	0	0	0	0	0	0	0	
	应交税费	应交增值税（销项税额）				6	5	0	0	0	0	0	
合　计				¥	5	6	5	0	0	0	0	0	

附单据 3 张

会计主管：　记账：　出纳：　复核：　制单：崔亮

图 5-9 收款凭证示例

(2) 付款凭证

付款凭证进一步分为现金付款凭证和银行存款付款凭证，是专门用于记录现金和银行存款付款业务的记账凭证。付款凭证根据有关库存现金和银行存款支付业务的原始凭证填制的，是登记现金日记账、银行存款日记账以及有关明细账和总账账簿的依据（图 5－10）。

付款凭证

贷方科目：银行存款　　2020年 01月 06日　　银付字第 008 号

摘要	借方科目		记账	金额									
	总账科目	明细科目		千	百	十	万	千	百	十	元	角	分
支付运费	应付账款	广州恒元货运有限公司	□			2	5	0	0	0	0	0	0
			□										
			□										
			□										
			□										
			□										
合计			□		¥	2	5	0	0	0	0	0	0

附单据2张

会计主管：　记账：　出纳：　复核：　制单：董华

图 5－10　付款凭证示例

(3) 转账凭证

转账凭证是指用于记录不涉及现金和银行存款业务的记账凭证。转账凭证根据有关转账业务的原始凭证填制，是登记有关明细账和总账账簿的依据。转账业务是指不涉及库存现金和银行存款收付的业务，如领用材料、分配制造费用、计提利息等（图 5－11）。

转 账 凭 证

2020年 05月 07日　　转字第 016 号

摘要	总账科目	明细科目	借方金额											贷方金额											√
			亿	千	百	十	万	千	百	十	元	角	分	亿	千	百	十	万	千	百	十	元	角	分	
购买原材料	在途物资	氧化锌					3	5	2	0	0	0	0												□
	应交税费	应交增值税(进项税额)						4	5	7	6	0	0												□
	应付账款	北京意和实业有限公司																3	9	7	7	6	0	0	□
																									□
																									□
																									□
合　计						¥	3	9	7	7	6	0	0				¥	3	9	7	7	6	0	0	□

附单据2张

会计主管：　记账：　复核：　制单：董华

图 5－11　转账凭证示例

2. 通用记账凭证

通用记账凭证是指用来反映所有经济业务的记账凭证，为各类经济业务所共同使用，其格式与转账凭证基本相同（图 5－12）。

通用记账凭证

年 月 日 第 1 号

摘要	科目		借方金额											贷方金额											记账
	总账科目	明细科目	亿	千	百	十	万	千	百	十	元	角	分	亿	千	百	十	万	千	百	十	元	角	分	
合	计																								

附单据 张

会计主管： 记账： 出纳： 复核： 制单：

图 5－12 通用记账凭证

收款凭证、付款凭证、转账凭证的划分，工作量较大，适用于规模较大、收付款业务较多的单位。对于经济业务较简单、规模较小、收付款业务较少的单位，可采用通用记账凭证来记录所有经济业务。

（二）按凭证的填列方式分类

1. 单式记账凭证

单式记账凭证是指只填列经济业务所涉及的一个会计科目及其金额的记账凭证。

单式记账凭证反映的内容单一，便于会计分工记账，方便了记账凭证汇总表的编制，但不便于反映经济业务的全貌以及账户的对应关系，不便于查账。

2. 复式记账凭证

复式记账凭证是将每一笔经济业务所涉及的全部科目及其发生额均在同一张记账凭证中反映的一种凭证。上述收款凭证、付款凭证和转账凭证，以及通用记账凭证均为复式凭证。

复式记账凭证能够反映账户之间的对应关系，便于了解有关经济业务的全貌，但不便于会计分工记账。

二、记账凭证的基本内容

记账凭证是登记账簿的直接依据，因其所反映经济业务的内容不同、各单位规模大小及其对会计核算繁简程度的要求不同，其内容有所差异，但应当具备以下基本内容：

（1）填制凭证的日期。

（2）凭证编号。

（3）经济业务摘要。

(4) 会计科目。

(5) 金额。

(6) 所附原始凭证张数。

(7) 会计主管、记账、审核、制单等有关人员签章。收款凭证和付款凭证还应当有出纳人员签章。

三、记账凭证的填制要求

1. 记账凭证要选择正确

根据经济业务的内容，区别不同类型的原始凭证，正确选择记账凭证。例如，采用专用记账凭证的单位，应根据业务内容选择收款凭证、付款凭证或转账凭证。

2. 依据要无误

除结账和更正错误，记账凭证均应根据审核无误的原始凭证填制，可以根据每一张原始凭证填制，或根据若干张同类原始凭证汇总编制，也可以根据原始凭证汇总表填制。但不得将不同内容和类别的原始凭证汇总填制在一张记账凭证上。

3. 日期要准确

日期栏，一般应按填制记账凭证当天的日期，不得提前或推后。月末转账业务的日期应写月末日期。

4. 编号要连续

记账凭证的编号方法有总字编号法、三类编号法、五类编号法。会计人员要根据不同的记账凭证采用相应的编号方法（图 5 - 13）。

通用记账凭证

年 月 日 第 1 号

摘要	科目		借方金额											贷方金额											记账
	总账科目	明细科目	亿	千	百	十	万	千	百	十	元	角	分	亿	千	百	十	万	千	百	十	元	角	分	
合		计																							

附单据 张

会计主管： 记账： 出纳： 复核： 制单：

通用记账凭证

年 月 日 第 2 号

摘要	科目		借方金额											贷方金额											记账
	总账科目	明细科目	亿	千	百	十	万	千	百	十	元	角	分	亿	千	百	十	万	千	百	十	元	角	分	
合		计																							

附单据 张

会计主管： 记账： 出纳： 复核： 制单：

图 5－13 连续编号的通用记账凭证

总字编号法，即将所有的记账凭证不分业务内容的顺序编号，适用于采用通用记账凭证格式、经济业务较少的单位。三类编号法，即按照收款业务、付款业务和转账业务分别顺序编号，如收字 1 号、付字 1 号、转字 1 号，适用于采用专用记账凭证的单位。五类编号法，即按照现金收款、现金付款、银行存款收款、银行存款付款业务分别顺序编号，如现收字第××号、银收字第××号、现付字第××号、银付字第××号、转字第××号。适用于采用专用记账凭证且收付款业务较多的单位。无论采用哪一种编号方法，都应该按月顺序编号，即每月都从 1 号编起，按自然数 1、2、3、4、5……顺序编制月末，不得跳号、重号。

如果一笔经济业务需要填制一张以上的记账凭证时，记账凭证的编号采用分数连续编号，如“转字 $5\frac{1}{3}$”“转字第 $5\frac{2}{3}$”“转字第 $5\frac{3}{3}$”，表示第五笔转账业务需连续编三张记账凭证（图 5－14）。

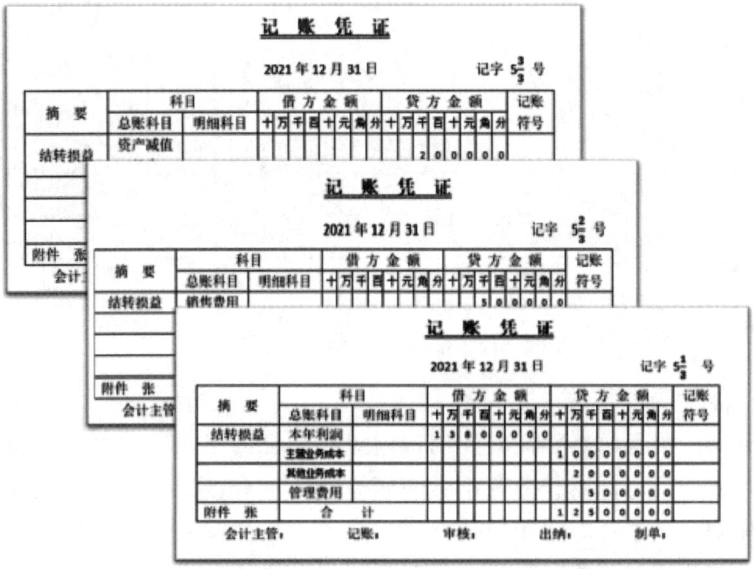

图 5－14 分数编号的通用记账凭证示例

5. 摘要要简明、清晰

记账凭证的摘要栏是填写经济业务简要说明的，摘要应与原始凭证内容一致，能正确反映经济业务的主要内容，既要防止简而不明，又要防止过于烦琐。

6. 会计分录要正确

会计分录是会计凭证中重要的组成部分，在记账凭证中，要正确编制会计分录并保持借贷平衡。会计分录的编制包括科目和金额的填制。

关于会计科目的填制，首先，正确使用会计科目，不得任意简化或改动；其次，应同时填写总账科目和明细科目，以便于登记总分类账和明细分类账；最后，会计科目的对应关系要填写清楚，应先借后贷，一般填制一借一贷、一借多贷或者多借一贷的会计分录。但是，如果模型经济业务本身就需要编制一个多借多贷的会计分录，也可以填制多借多贷的会计分录，以集中反映该项经济业务的全过程。

关于金额的填制，首先，金额要与其对应的科目填制在同一行，不得错行；其次，在合计行填写合计金额，阿拉伯数字的填写要规范，合计数字前应填写“¥”符号，不是合计数字前不应填写“¥”符号；最后，借贷合计金额应相等。

7. 空行要注销

填制记账凭证时，应按行次逐行填写，不得跳行或留有空行。记账凭证填完会计分录后，如有空行应当划线注销（图 5－15）。

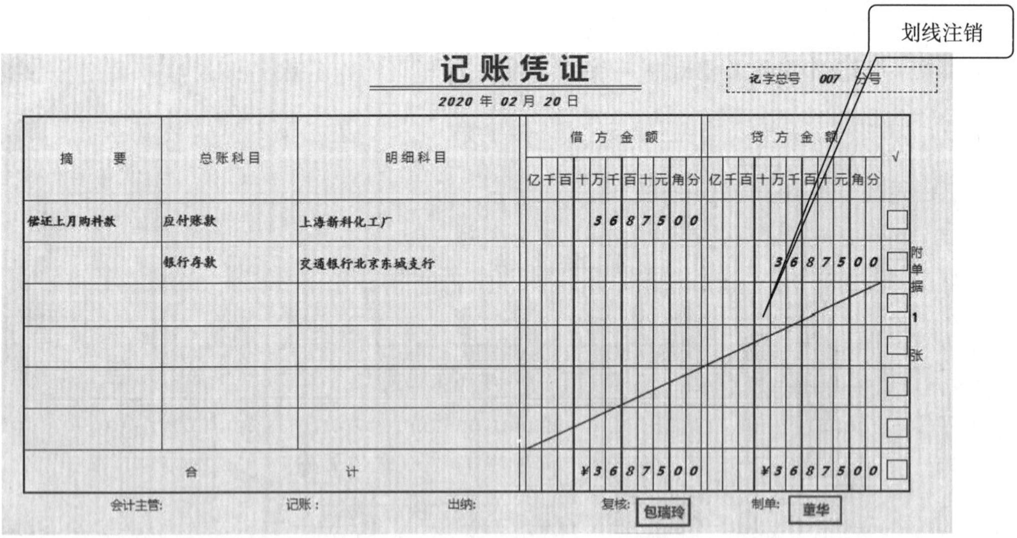

图 5－15　注销空行的记账凭证示例

8. 单据张数要清楚

记账凭证必须附有原始凭证并注明所附原始凭证的张数。所附原始凭证张数的计算，一般以原始凭证的自然张数为准。一张原始凭证如涉及几张记账凭证的，可以将该原始凭证附在一张主要的记账凭证后面，在该主要记账凭证摘要栏注明“本凭证附件包括××号记账凭证业务”资源，并在其他记账凭证上注明该主要记账凭证的编号或者附上该原始凭证的复印件，以便复核查阅。

请注意

除结账和更正错误的记账凭证可以不用附原始凭证外，其他记账凭证都必须附原始凭证。

9. 签章要完整

制单、审核、出纳、记账、复核、会计主管等相关人员应签名或盖章。所有填制好的记账凭证，都必须经过其他会计人员认真的审核。只有经过审核无误后的记账凭证，才能作为登记账簿的依据。

四、记账凭证的审核内容

1. 内容是否真实

审核记账凭证是否附有原始凭证，所附原始凭证的内容是否与记账凭证记录的内容一致，记账凭证汇总表与记账凭证的内容是否一致。

2. 项目是否齐全

审核记账凭证各项目的填写是否齐全，如日期、凭证编号、摘要、会计科目、金额、所附原始凭证张数及有关人员签章等。

3. 科目是否正确

审核记账凭证的应借、应贷科目是否正确，是否有明确的账户对应关系等。

4. 金额是否正确

审核记账凭证所记录的金额与原始凭证的有关金额是否一致，记账凭证汇总表的金额与记账凭证的金额合计是否相符等。

5. 书写是否正确

审核记账凭证中的记录是否文字工整、数字清晰，是否按规定使用蓝黑墨水或碳素墨水等。

6. 记账凭证审核后的处理

在审核记账凭证的过程中，如发现记账凭证填制有误，应当按照规定的方法及时加以更正。填制记账凭证时若发生错误，应当重新填制。

已登记入账的记账凭证发生错误，应采用规定的更正方法。在当年内发现填写错误时，如果是使用的会计科目或记账凭证方向有错误，可以用“红字”金额填制一张与原始凭证内容相同的记账凭证，在摘要栏注明“注销×月×日×号凭证”字样，同时再用“蓝字”重新填制一张正确的凭证，在摘要栏注明“更正×月×日×号凭证”字样；如果会计科目和记账方向都没有错误，只是金额错误，可以按正确数字和错误数字之间的差额，另编一张调整的记账凭证，调增用“蓝字”，调减用“红字”。

在当年发现以前年度记账凭证有错误的，应当用“蓝字”填制一张更正的记账凭证。

五、记账凭证与原始凭证的区别

1. 填制人员不同

原始凭证大多是由经办人员填制的，记账凭证则一律是由会计人员填制的。

2. 填制依据不同

原始凭证是根据已经发生或者完成的经济业务事项填制的，记账凭证则是根据经审核无误的原始凭证填制的。

3. 填制方式不同

原始凭证只是记录、证明经济业务已经发生或者完成；记账凭证则是依据会计科目对已经发生或者完成的经济业务进行归类、整理。

4. 作用不同

原始凭证是填制记账凭证和登记明细账的依据，记账凭证则是登记会计账簿的依据（表 5 - 6）。

表 5 - 6　记账凭证与原始凭证的区别

	原始凭证	记账凭证
填制人员	经办人员	会计人员
填制依据	已经发生或完成的经济业务	审核无误的原始凭证
填制方式	记录、证明经济业务已经发生或完成	依据会计科目对已发生或完成的经济业务进行归类、整理
发挥作用	记账凭证和登记明细账的依据	登记会计账簿的依据

任务四　会计凭证的传递与保管

一、会计凭证的传递

（一）会计凭证传递的概念

会计凭证的传递是指从会计凭证的取得或填制时起至归档保管过程中，在单位内部有关部门和人员之间的传送程序。

会计凭证的传递，应当满足内部控制制度的要求，使传递程序合理有效，同时尽量节约传递时间，减少传递的工作量。

各单位应根据具体情况确定每一种会计凭证的传递程序和方法。

（二）会计凭证传递的三要素

会计凭证的传递具体包括传递程序、传递时间和传递手续。

1. 传递程序

各单位应根据经纪业务的特点，结合内部机构和人员分工情况以及满足经营管理和会计核算的需要，规定会计凭证的传递程序。并且，据此规定会计凭证的份数，使经办业务的部门和人员能够及时地办理各种凭证手续。这既符合内部牵制原则，又能加速业务处理过程，提高工作效率。

2. 传递时间

会计凭证的传递时间是指各种凭证在各经办部门、环节所停留的最长时间。它应考虑各部门和有关人员，在正常情况下办理经济业务所需时间来合理确定。明确会计凭证的传递时间，能防止拖延处理和积压凭证，保证会计工作的正常秩序，提高工作效率。一切会计凭证的传递和处理，都应在报告期内完成。否则，将会影响会计核算的及时性。

3. 传递手续

会计凭证的传递手续是指在凭证传递过程中的衔接手续。应该做到既完备严密，又简便易行。凭证的收发、交接都应按一定的手续制度办理，以保证会计凭证的安全性和完整性。

会计凭证的传递路线、传递时间和传递手续，还应根据实际情况的变化及时加以修改，以确保会计凭证传递的科学化、制度化。

二、会计凭证的保管

会计凭证的保管是指会计凭证记账后的整理、装订、归档和存查工作。

（1）会计凭证应定期装订成册，防止散失。会计部门在依据会计凭证记账以后，应定期（每天、每旬或每月）对各种会计凭证进行分类整理，将各种记账凭证按照编号顺序，连同所附的原始凭证一起加具封面和封底，装订成册，并在装订线上加贴封签，由装订人员在装订线封签处签名或盖章。

从外单位取得的原始凭证遗失时，应取得原签发单位盖有公章的证明，并注明原始凭证的号码、金额、内容等，由经办单位会计机构负责人（会计主管人员）和单位负责人批准后，才能代作原始凭证。

请注意

若确实无法取得证明的，如车票丢失，则应由当事人写明详细情况，由经办单位会计机构负责人（会计主管人员）和单位负责人批准后，代作原始凭证。

（2）会计凭证封面应注明单位名称、凭证种类、凭证张数、起止号数、年度、月份、会计主管人员和装订人员等有关事项，会计主管人员和保管人员应在封面上签章。

（3）会计凭证应加贴封条，防止抽换凭证。原始凭证不得外借，其他单位如有特殊原因确实需要使用时，经本单位会计机构负责人（会计主管人员）批准，可以复制。向外单位提供的原始凭证复制件，应在专设的登记簿上登记，并由提供人员和收取人员共同签名、盖章。

（4）原始凭证较多时，可单独装订，但应在凭证封面注明所属记账凭证的日期、编号和种类，同时在所属的记账凭证上应注明“附件另订”及原始凭证的名称和编号，以便查阅。对各种重要的原始凭证，如押金收据、提货单等，以及各种需要随时查阅和退回的单据，应另编目录，单独保管，并在有关的记账凭证和原始凭证上分别注明日期和编号。

（5）每年装订成册的会计凭证，在年度终了时可暂由单位会计机构保管一年，期满后应当移交本单位档案机构统一保管；未设立档案机构的，应当在会计机构内部指定专人保管。出纳人员不得兼管会计档案。

（6）严格遵守会计凭证的保管期限要求，期满前不得任意销毁。

项目五　客观题

项目六　会计账簿

学银在线微课

知识目标

1. 了解账簿的意义及其设置原则

2. 熟悉账簿的一般格式及其登记规则、对账和结账的目的与方法

3. 掌握更正错账的方法

技能目标

1. 能够根据记账凭证登记日记账、总账和明细账

2. 能够进行错账的查找、更正和结账工作

思政目标

1. 培养学生依法办事、坚守原则的职业操守

2. 培养学生精益求精的工匠精神

任务引入

小张是会计专业应届毕业生，经历了几次面试失败后，重新学习了会计的一些基本知识，再次来到某招聘现场。招聘人员问："是否会做账时？"答："会。"又问："公司财务部经理根据总经理批示，调整了财务人员的工作分工，安排主管会计兼任出纳员，财务部经理自己保管并登记银行存款日记账，同时为了减少记账工作量，正式账簿中不设现金日记账和材料日记账，只作为备查簿设置。这样的调整是否科学合理可行？"小张仔细想了想：既是公司老总的意思，又是财务部经理的安排，这样的做法肯定错不了，于是回答："当然合理。"如果你是招聘人员，你会聘用小张吗？

任务分析

面对招聘人员提问，小张给出的答复到底合不合适，他最后会不会被聘用，我们首先要明确上述问题中财务部经理的安排是否合法？如不合法错在哪里？会造成什么后果和影响呢？

任务一 会计账簿的种类与登记

一、会计账簿

（一）会计账簿的概念

会计账簿是指由一定格式的账页组成的，以经过审核的会计凭证为依据，全面、系统、连续地记录各项经济业务的簿籍。设置和登记账簿，既是填制和审核会计凭证的延伸，也是编制财务报表的基础，是连接会计凭证和财务报表的中间环节。

（二）会计账簿的作用

在实际工作中，各单位每发生一笔经济业务，都必须取得、填制并审核会计凭证，对经济业务的详细内容加以记录，以反映和监督各项经济业务的发生和完成情况。但是，由于会计凭证的数量多，其所提供的会计资料比较分散，缺乏系统性，每张凭证一般只能反映个别经济业务的内容。为了连续、系统、全面地反映各单位在一定时期内同类和全部资金增减变化情况，给经济管理提供完整而系统的会计核算资料，并为编制会计报表提供依据，我们有必要设置账簿。会计账簿的作用主要表现在以下四个方面：

1. 记载、储存会计信息

在形式上，会计账簿是若干账页的组合；在实质上，由于会计账簿是依据会计凭证编制的，所以会计账簿记录了企业资金增减变动和结存情况，是会计信息形成的重要环节，是会计资料的主要载体之一，也是会计资料的重要组成部分。

2. 分类、汇总会计信息

会计账簿将会计凭证上零散的会计信息进行整理、归类和汇总，能分门别类地反映企业各种资产、负债、所有者权益、收入和费用的增减变动情况，为经营管理提供系统、完整的会计信息。

3. 检查、校正会计信息

会计账簿是连接会计凭证和会计报表的中间桥梁，通过账证核对、账表核对、账实核对，可以检查会计信息的真实性，有利于确保财产物资和资金安全、完整和合理使用。

4. 编报、输出会计信息

会计报表是企业会计信息输出的主要形式。设置和登记会计账簿是编制会计报表的基础，会计账簿是编制会计报表的主要依据。

（三）会计账簿的基本内容

在实际工作中，由于各种会计账簿所记录的经济业务不同，账簿的格式也多种多样，但各种账簿都应具备以下基本内容：

1. 封面

封面主要用来标明账簿的名称，如总分类账、各种明细分类账、现金日记账、银行存款日记账等。

2. 扉页

会计扉页主要是列明科目索引（账户目录）（表 6-1）、账簿启用和经管人员一览表（表 6-2）。

账户目录是由记账人员在账簿中开设账页户头后，按顺序将每个账户的名称和页数登记的，便于查阅账簿中登记的内容。如果是活页账簿，在账簿启用时无法确定页数，可先将账户名称填写好，待年终装订归档时，再填写页数。

账簿启用和经管人员一览表主要记载单位名称、账簿名称、起止页数、册数；启用日期和截至日期；经管账簿单位会计机构负责人（会计主管人员）、经管人员、移交人和移交日期、接管人和接管日期等。

表 6-1 账户目录

编 号	科 目	起讫页数	编 号	科 目	起讫页数	编 号	科 目	起讫页数

表 6-2 账簿启用和经管人员一览表

<table>
<tr><td colspan="2">用户名称</td><td colspan="2"></td><td>印 鉴</td></tr>
<tr><td colspan="2">账簿名称</td><td colspan="2"></td><td rowspan="4"></td></tr>
<tr><td colspan="2">账簿号码</td><td colspan="2"></td></tr>
<tr><td colspan="2">账簿页数</td><td colspan="2">本账簿共计 页</td></tr>
<tr><td colspan="2">启用日期</td><td colspan="2">年 月 日</td></tr>
<tr><td rowspan="2">经管人员</td><td>单位主管</td><td>财务主管</td><td>复 核</td><td>记 账</td></tr>
<tr><td></td><td></td><td></td><td></td></tr>
<tr><td rowspan="5">交接记录</td><td colspan="2">经管人员</td><td>接 管</td><td>交 出</td></tr>
<tr><td>职务</td><td>姓名</td><td>日期/盖章</td><td>日期/盖章</td></tr>
<tr><td></td><td></td><td></td><td></td></tr>
<tr><td></td><td></td><td></td><td></td></tr>
<tr><td></td><td></td><td></td><td></td></tr>
<tr><td>备注</td><td colspan="4"></td></tr>
</table>

3. 账页

账页是账簿用来记录经济业务事项的载体，包括账户的名称、登记账户的日期栏、凭证种类和号码栏、摘要栏、金额栏等基本内容（表 6－3）。

表 6－3 账 页

账户名称________________

年		凭证号		摘 要	借 方	核对	贷 方	核对	借或贷	余 额	核对
月	日	字	号								

（四）会计账簿与账户的关系

账户存在于账簿之中，账簿中的每一账页就是账户的存在形式和载体，没有账簿，账户就无法存在；账簿序时、分类地记载经济业务，是在个别账户中完成的。因此，账簿只是一个外在形式，账户才是它的真实内容。账簿与账户的关系是形式与内容的关系。

（五）会计账簿的种类

会计账簿的种类很多，不同类别的会计账簿可以提供不同的信息，满足不同的需要。按用途分类有：

1. 序时账簿

序时账簿也称日记账，在古代会计中也称为“流水账”，是根据经济业务发生或完成时间的先后顺序逐日逐笔连续登记的账簿。日记账按记录经济业务的范围不同，又可分为普通日记账和特种日记账。

普通日记账又称为“会计分录簿”或“原始分类簿”。经济业务发生时，应按先后顺序逐日记入普通日记账，再根据日记账过入分类账，然后在“过账”栏内注明“√”符号，表示已经过账。这样就可使记账的错误和遗漏减到最少限度，并便于事后根据业务发生的时间次序进行查账。

普通日记账的优点是可以将每天发生的经济业务逐笔加以反映，但是不便于分工记账，不能将经济业务加以分类归集，过账的工作量又比较大。因此，目前已较少使用普通日记账。

特种日记账是按时间先后顺序专门登记某类经济业务发生情况的日记账，通常用来记录某一类比较重要的经济业务。我国的会计制度规定，那些发生频繁，要求严格管理和控制的业务，应设置特种日记账。企业都必须设置现金和银行存款日记账（表6－4）。

表6－4 银行存款日记账

银行存款日记账

年		凭证	对方	摘要	√	借方（收入）金额										贷方（支出）金额										余额									
月	日	编号	科目			千	百	十	万	千	百	十	元	角	分	千	百	十	万	千	百	十	元	角	分	千	百	十	万	千	百	十	元	角	分

2. 分类账簿

分类账簿是按照账户的类别进行分类登记的账簿。分类账簿是必须设置的主要账簿，它所提供的核算资料是编制会计报表的主要依据。

分类账簿按其反映经济业务的详略程度，可分为总分类账簿和明细分类账簿。总分类账簿（图6－1），又称总账，是根据总分类账户开设的，能够全面地反映企业的经济活动；明细分类账簿，又称明细账，是根据明细分类账户开设的，用来提供明细的核算资料。总账对所属的明细账起统驭作用，明细账对总账进行补充和说明。

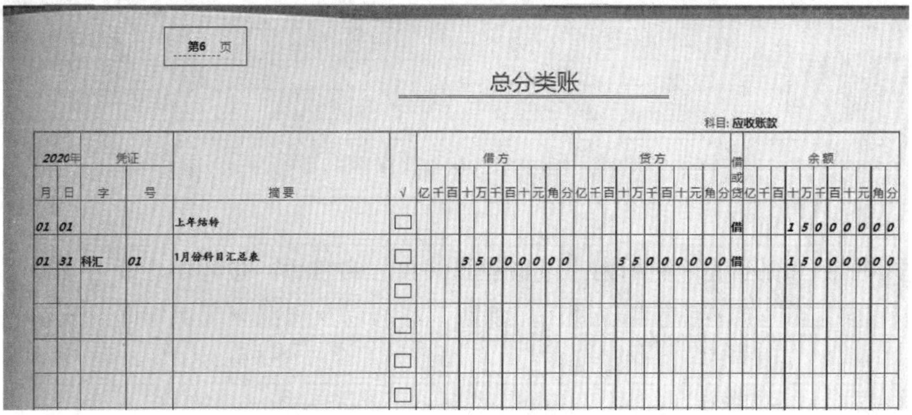
第6 页

总分类账

科目：应收账款

2020年		凭证		摘要	√	借方											贷方											借或贷	余额										
月	日	字	号			亿	千	百	十	万	千	百	十	元	角	分	亿	千	百	十	万	千	百	十	元	角	分		亿	千	百	十	万	千	百	十	元	角	分
01	01			上年结转																								借				1	5	0	0	0	0	0	0
01	31	科汇	01	1月份科目汇总表					3	5	0	0	0	0	0	0				3	5	0	0	0	0	0	0	借				1	5	0	0	0	0	0	0

图6－1 总分类账示例

3. 备查账簿

备查账簿，又称辅助登记簿或补充登记簿，是指对某些在序时账簿和分类账簿中未能记载或记载不全的经济业务进行补充登记的账簿。相对于序时账簿和分类账簿这两种主要账簿而言，备查账簿属于辅助性账簿，它可以为经营管理提供参考资料，如委托加工材料登记簿、租入固定资产登记簿等。

备查账簿只是对其他账簿记录的一种补充，与其他账簿之间不存在严密的依存和钩稽关系。备查账簿与其他账簿的不同之处：

(1) 不是根据会计凭证登记，依据表外科目来登记；

(2) 账簿的格式和登记方法不同，备查账簿的主要栏目不记录金额，它更注重用文字来表述某项经济业务的发生情况。

备查账簿根据企业的实际需要设置，没有固定的格式要求。

(1) 按账页格式分类

① 两栏式账簿

两栏式账簿是指只有借方和贷方两个基本金额栏目的账簿。普通日记账和转账日记账一般采用两栏式。

② 三栏式账簿

三栏式账簿是设有借方、贷方和余额三个基本栏目的账簿。各种日记账、总分类账以及资本、债权、债务明细账都可采用三栏式账簿（图 6－2）。

分页:________ 总页:________

应收账款明细账

一级科目：应收账款　　二级科目：北京云凤贸易有限公司

2020年 月	日	凭证 种类	凭证 号数	摘要	日页	借方 (百十万千百十元角分)	贷方 (百十万千百十元角分)	借或贷	余额 (百十万千百十元角分)
05	01			承前页		56000000	53600000	借	7000000
05	12	记	012	销售二丙烯基醚产品		4520000		借	11520000
05	15	记	013	收到上月欠款			4000000	借	7520000
05	17	记	017	销售二丙烯基醚产品		2260000		借	9780000

图 6－2　三栏式明细账簿格式示例

③ 多栏式账簿

多栏式账簿是指在账簿的两个金额栏目（借方和贷方）按需要分设若干专栏的账簿。收入明细账、成本明细账、费用明细账、利润以及利润分配明细账一般均采用这种格式的账簿（图 6－3）。

④ 数量金额式账簿

数量金额式账簿是指在账簿的借方、贷方和余额三个栏目内，每个栏目再分设数

正面 背面

分页:______ 总页:______

管理费用明细账

一级科目：管理费用

级科目：

2020年 月	日	凭证号数	摘要	借方	贷方	借或贷	余额	办公费	修理费	通…
05	01		承前页	1082160	1082160	平	000			
05	02	记004	报销办公用品费用	390000		借	390000	39000		
03	04	记011	支付办公室用品维修费用	585000		借	97500		58500	
05	07	记022	报销上月座机通讯费	113050		借	210550			
05	09	记029	支付上月水电费	157000		借	367550			

（借方、贷方、余额及各费用栏均按亿、千、百、十、万、千、百、十、元、角、分分位登记）

图 6-3 多栏式账簿示例

量、单价和金额三个小栏，借以反映财产物资的实物数量和价值量的账簿。原材料、库存商品、产成品等存款明细账一般采用数量金额式账簿（图 6-4）。

原材料明细账

分页______ 总页______

最高存量 2500　　编号、名称　乙烯

最低存量 500　储备天数 10　存放地点 五号仓库　计量单位 吨　规格 ISKG244　类别

2020年 月	日	凭证字号	摘要	收入 数量	收入 单价	收入 金额	发出 数量	发出 单价	发出 金额	结存 数量	结存 单价	结存 金额
05	01		承前页	5500.00		110000000	5000.00		100000000	600.00	200.00	12000000
05	02	记002	购进乙烯	200.00	200.00	4000000				800.00	200.00	16000000
05	04	记004	购进乙烯	400.00	200.00	8000000				1200.00	200.00	24000000
05	05	记008	购进乙烯	600.00	200.00	12000000				1800.00	200.00	36000000
05	15	记016	领用乙烯				800.00	200.00	16000000	1000.00	200.00	20000000

图 6-4 数量金额式账簿示例

⑤ 横线登记式账簿

横线登记式账簿，又称平行式账簿，是指将前后密切相关的经济业务登记在同一行上，以便检查每笔业务的发生和完成情况的账簿。

（2）按外形特征分类

① 订本式账簿

订本式账簿，简称订本账，是在启用前将编有顺序页码的一定数量账页装订成册的账簿。订本式账簿的账页固定，既可以防止散失，又可以防止抽换账页，较为安全。若分类账采用这种账簿，就要为每一账户预留合适的空白账页，若留页不够会影响账户的连续记录，留页过多又会造成浪费；而且该种账簿，在同一时间内只能由一人登记，不便于记账人员分工，使用起来欠灵活。因此，订本式账簿，一般适用于具有统驭性、重要性，且只应该或只需要一个人登记的账簿。现金日记账、银行存款日记账以及总分类账必须使用订本式账簿。

② 活页式账簿

活页式账簿（图 6－5），简称活页账，是将一定数量的账页置于活页夹内，可根据记账内容的变化而随时增加或减少部分账页的账簿。采用这种账簿，可以根据实际情况增添账页，不会造成浪费，使用比较灵活，便于分工记账。但是，这种账簿的账页容易散失和被抽换。因此，在采用这种账簿时，空白账页在使用时必须连续编号，并有相关人员在账页上盖章，定期装订成册，以防止弊端的产生。活页式账簿一般适应于明细分类账。

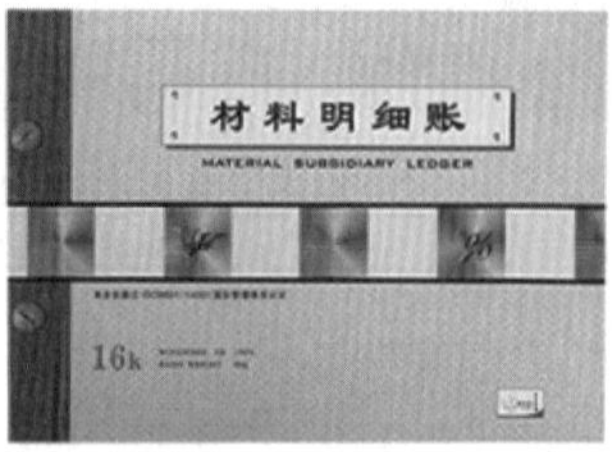

图 6－5　活页式账簿

③ 卡片式账簿

卡片式账簿，简称卡片账，是将一定数量的卡片式账页存放于专设的卡片箱中，可以根据需要随时增添账页的账簿。严格说，卡片账也是一种活页账，只不过它不是装在活页账夹中，而是装在卡片箱内。在我国，企业一般只对固定资产的核算采用卡片账形式。因为固定资产在长期使用中其实物形态不变，又可能经常转移使用部门，设置卡片账便于随同实物转移。

二、会计账簿的启用与登记

（一）会计账簿的启用

启用会计账簿，包括新开业时的账簿的启用和每年年初对新的账簿的启用。启用时，在账簿封面上写明单位名称和账簿名称。在扉页上填制“账簿启用表”和“经管人员一览表”。内容包括：启用日期、账簿页数、记账人员和会计机构负责人、会计主管人员姓名，并加盖名章和单位公章。

启用订本式账簿，应当从第一页到最后一页顺序编定页数，不得跳页、缺号；活页式，应当按账户顺序编号，并定期装订成册，装订后再按实际使用的账页顺序编订页码，另加目录以便于记明每个账户的名称和页次。在第一页前面，附会计科目目录及每个会计科目在账簿中的起止页数。

（二）会计账簿的登记要求

设置和登记会计账簿是会计核算工作的一个重要环节，对加强经济管理有十分重要意义。为了保证会计账簿记录的真实、准确，会计人员在登记会计账簿时，必须严格遵守下列规则：

1. 准确完整

登记会计账簿时，应当将会计凭证日期、编号、业务内容摘要、金额和其他有关资料逐项记入账内，做到数字准确、摘要清楚、登记及时、字迹工整。账簿记录中的日期，应该填写记账凭证上的日期；以自制的原始凭证，如收料单、领料单等，作为记账依据的，账簿记录中的日期应按有关自制凭证上的日期填列。

每一项会计事项，一方面要记入有关的总账，另一方面要记入该总账所属的明细账。

2. 注明记账符号

登记完毕后，要在记账凭证上签名或者盖章，并注明已经登账的符号，表示已经记账。在记账凭证上设有专门的栏目供注明记账的符号，以免发生重记或漏记（表 6－5）。

表 6－5　已经登记入账的记账凭证

记账凭证

2020年12月15日　　　　记字 1 号

摘　要	总账科目	明细科目	借方金额								贷方金额								记账符号
			十	万	千	百	十	元	角	分	十	万	千	百	十	元	角	分	
销售产品	应收账款			4	0	9	5	0	0	0									√
	主营业务收入											3	5	0	0	0	0	0	√
	应交税费												5	9	5	0	0	0	√
附件　张	合　计		¥	4	0	9	5	0	0	0	¥	4	0	9	5	0	0	0	

附单据 1 张

会计主管：　　记账：张某　　审核：　　出纳：　　制单：

3. 文字和数字必须整洁清晰，准确无误

在登记书写时，不要滥造简化字，不得使用同音异义字，不得写怪字体；摘要文字紧靠左线；数字要写在金额栏内，不得越格错位、参差不齐；文字、数字字体大小适中，紧靠下线书写，上面要留有适当空距，一般应占格宽的 1/2，以备按规定的方法改错。

4. 正常记账使用蓝黑墨水

登记账簿要用蓝黑墨水或者碳素墨水书写，不得使用圆珠笔（银行的复写账簿除外）或者铅笔书写。在会计的记账书写中，数字的颜色是重要的元素之一，它同数字和文字一起传达会计信息。数字和文字错误会表达错误的信息，书写墨水的颜色用错了，其导致的概念混乱也不亚于数字和文字错误。

5. 特殊记账使用红墨水

下列情况，可以用红色墨水记账：

（1）按照红字冲账的记账凭证，冲销错误记录。

（2）在不设借贷等栏的多栏式账页中，登记减少数。在多栏式账页中，只设借方（或贷方）栏目登记增加数，若需要登记减少数时，则用红字在表示增加栏目中登记。

（3）在三栏式账户的余额栏前，如未印明余额方向的，在余额栏内登记负数余额。

（4）划更正线、结账线和注销线。

（5）冲销银行存款日记账时，用红字登记支票号码，进行冲销。

（6）当销售货物退回时，则用红字冲减已入账的该笔货物销售收入和销售成本。

（7）根据国家统一会计制度的规定可以用红字登记的其他会计记录。

6. 顺序连续登记

各种账簿按页次顺序连续登记，不得跳行、隔页（图 6－6）。如果发生跳行、隔页，不得随意涂改，应在空行空页的金额栏由右上角向左下角画红线注销，同时在摘要栏注明“此行空白”或“此页空白”字样，并由记账人员签名或者压线盖章。订本式账簿，不得任意撕毁。

分页：________ 总页：________

应收账款明细账

一级科目：应收账款　　二级科目：北京云凤贸易有限公司

2020年 月	日	凭证 种类	号数	摘要	日页	借方（百十万千百十元角分）	贷方（百十万千百十元角分）	借或贷	余额（百十万千百十元角分）
05	01			承前页		56000000	53600000	借	7000000
05	12	记	012	销售二丙烯基醚产品		4520000		借	11520000
05	15	记	013	收到上月欠款			4000000	借	7520000
05	17	记	017	销售二丙烯基醚产品		2260000		借	9780000

图 6－6　按顺序连续登记的账簿示例

7. 结出余额

凡需要结出余额的账户，结出余额后，应当在“借或贷”余额方向栏内写明“借”或者“贷”等字样。没有余额的账户，应当在“借或贷”余额方向栏内写“平”字，并在余额栏内“元”位写“θ”。

8. 连续账页内容之间的衔接

每一账页登记完毕结转下页时，应当结出本页合计数及余额，写在本页最后一行和下页第一行有关栏内，并在摘要栏内注明“过次页”和“承前页”字样；也可以将本页合计数及金额只写在下页第一行有关栏内，并在摘要栏内注明承前页字样。

对需要结计本月发生额的账户，结计过次页的本页合计数应当为自本月初起至本页末止的发生额合计数。这样做，便于根据“过次页”的合计数，随时了解本月初到本页末止的发生额；也便于月末结账时，加计“本月合计”数。

对需要结计本年累计发生额的账户，结计过次页的本页合计数应当为自年初起至本页末止的累计数。这样做，便于根据“过次页”的合计数，随时了解本年初到本页末止的累计发生额；也便于年终结账时，加计“本年累计”数。

对既不需要结计本月发生额也不需要结计本年累计发生额的账户，可以只将每页末的余额结转次页，如某些材料明细账户就没有必要将每页的发生额结转次页。

9. 账簿记录错误应按照规定的方法予以更正

如果会计账簿记录发生错误，不允许用涂改、挖补、刮擦或者用药水消除字迹等方法更正错误，应当根据错误情况，按照规定的方法进行更正。

10. 定期打印

实行会计电算化的单位，总账和明细账应当定期打印，发生收款和付款业务的，在输入收款凭证和付款凭证的当天必须打印出现金日记账和银行存款日记账，并与库存现金核对无误。

三、会计账簿的格式与登记方法

（一）日记账的格式与登记方法

日记账是按照经济业务发生或完成的时间先后顺序逐日逐笔进行登记的账簿。在我国，大多数企业一般只设库存现金日记账和银行存款日记账。

（二）库存现金日记账的格式与登记方法

库存现金日记账是用来核算和监督库存现金日常收、付和结存情况的序时账簿。库存现金日记账的格式主要有三栏式和多栏式两种，库存现金日记账必须使用订本账。下面介绍三栏式现金日记账的登记方法（图 6－7）。

库存现金日记账　　第 3 页

2020年 月	日	凭证 种类	号数	票据号数	摘要	借方	贷方	余额	核对
05	01				承前页	2350000	2340000	400000	
05	01	记	001		提现备用	200000		600000	
05	02	记	002		出差采购材料借支		100000	500000	
05	02	记	003		销售部门领备用金		100000	400000	
05	02	记	004		出售废料收入	113000		513000	
05	02	记	005		存入废料收入		113000	400000	
05	03	记	006		提现备发工资	11200000		11600000	
05	07	记	010		支付销售运费		20000	11580000	
05	08	记	011		发放工资		11200000	380000	
05	13	记	021		招待客户费用		40000	340000	

图 6－7　库存现金日记账示例

三栏式库存现金日记账是由出纳人员根据库存现金收款凭证、库存现金付款凭证以及从银行取现的银行存款付款凭证，按照业务发生时间的先后顺序逐日逐笔登记。具体方法如下：

（1）日期栏：系指记账凭证的日期，应与现金实际收付日期一致。

（2）凭证栏：系指登记入账的收付款凭证的种类和编号。

（3）摘要栏：收付款凭证上的摘要。

（4）对方科目栏：系指现金收入的来源科目或支出的用途科目。例如，银行提取现金，其来源科目（即对方科目）为“银行存款”，其作用在于了解经济业务的来龙去脉。

（5）收入、支出（或借方、贷方）、余额：系指现金实际收付的金额。本日余额＝

上一日余额＋本日现金增加发生额－本日现金减少发生额。

(6) 现金日记账要做到日清月结。每日终了，应分别计算现金收入和付出的合计数，结出余额，同时将余额与出纳员的库存现金核对，即通常说的“日清”。若账款不符应查明原因，并记录备案。月终同样要计算现金收付和结存的合计数，通常称为“月结”。

(三) 银行存款日记账的格式与登记方法

银行存款日记账是用来核算和监督银行存款每日的收入、支出和结余情况的账簿。银行存款日记账应按企业在银行开立的账户和币种分别设置，每个银行账户设置一本日记账。银行日记账一般采用三栏式订本账（图 6－8）。

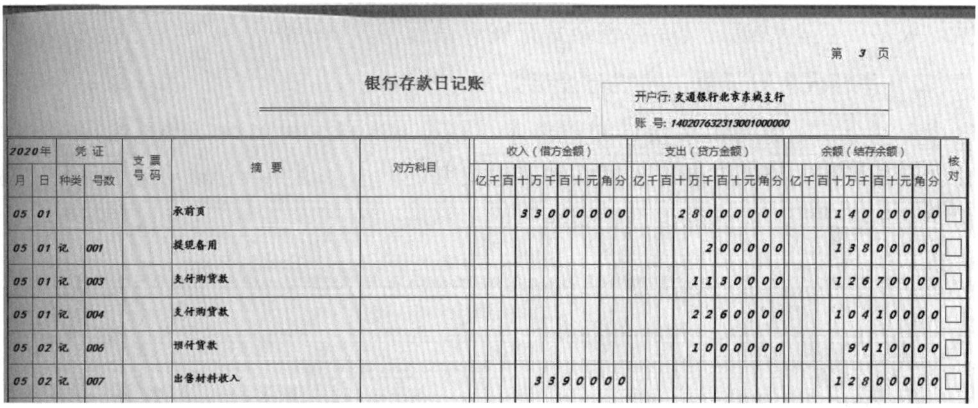

第 3 页

银行存款日记账

开户行：交通银行北京东城支行

账 号：1402076323130010000000

2020年 月	日	凭证 种类	凭证 号数	支票号码	摘要	对方科目	收入（借方金额）	支出（贷方金额）	余额（结存余额）	核对
05	01				承前页		33000000	28000000	14000000	
05	01	记	001		提现备用			200000	13800000	
05	01	记	003		支付购货款			1130000	12670000	
05	01	记	004		支付购货款			2260000	10410000	
05	02	记	006		预付货款			1000000	9410000	
05	02	记	007		出售材料收入		3390000		12800000	

图 6－8　三栏式订本账示例

银行日记账是由出纳人员根据银行存款收款凭证、银行存款付款凭证以及将现金存入银行的库存现金付款凭证，按照业务发生时间的先后顺序逐日逐笔登记。具体方法如下：

(1) 日期栏：系指记账凭证的日期。

(2) 凭证栏：系指登记入账的收付款凭证的种类和编号。

(3) 对方科目：系指银行存款收入的来源科目或支出的用途科目。

(4) 摘要栏：收付款凭证上的摘要。

(5) 现金支票号数和转账支票号数栏：如果所记录的经济业务是以支票付款结算的，应在这两栏内填写支票号数，以使与开户银行对账。

(6) 收入、支出（或借方、贷方）、余额栏：系指银行存款实际收付的金额。本日余额＝上一日余额＋本日银行存款增加发生额－本日银行存款减少发生额。

每日终了，应分别计算银行存款收入和支出的合计数，结算出余额，做到日清；月终应计算出银行存款全月收入、支出的合计数，做到月结。

(四) 总分类账的格式与登记方法

1. 总分类账的格式

总分类账是指按照总分类账户分类登记以提供总括会计信息的账簿。总分类账最常用的格式为三栏式，设有借方、贷方和余额三个金额栏目（图 6－9）。

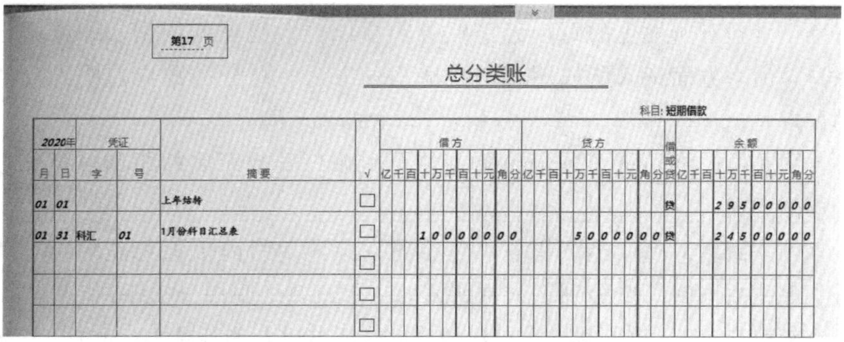

第17 页

总分类账

科目：短期借款

2020年 月	日	凭证 字	号	摘要	√	借方	贷方	借或贷	余额
01	01			上年结转	□			贷	29500000
01	31	科汇	01	1月份科目汇总表	□	10000000	5000000	贷	24500000
					□				
					□				
					□				

图 6-9 总分类账示例

2. 总分类账的登记方法

总分类账的登记方法因登记的依据不同而有所不同。经济业务少的小型单位的总分类账可以根据记账凭证逐笔登记；经济业务多的大中型单位的总分类账可以根据记账凭证汇总表（又称科目汇总表）或汇总记账凭证等定期登记。

（五）明细分类账的格式与登记方法

明细分类账是根据有关明细分类账户设置并登记的账簿（图 6-10）。它能提供交易或事项比较详细、具体的核算资料，以补充总账所提供核算资料的不足。因此，各企业单位在设置总账的同时，还应设置必要的明细账。明细分类账一般采用活页式账簿、卡片式账簿。明细分类账一般根据记账凭证和相应的原始凭证来登记。

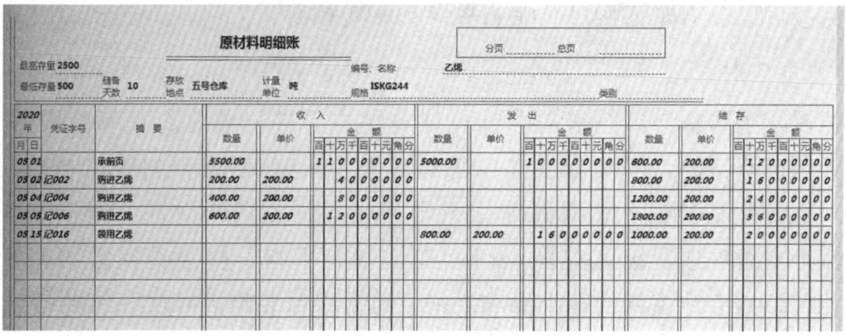

原材料明细账

分页 总页

最高存量 2500　编号、名称 乙烯

最低存量 500　储备天数 10　存放地点 五号仓库　计量单位 吨　规格 ISKG244　类别

2020年 月	日	凭证字号	摘要	收入 数量	收入 单价	收入 金额	发出 数量	发出 单价	发出 金额	结存 数量	结存 单价	结存 金额
05	01		承前页	5500.00		110000000	5000.00		100000000	600.00	200.00	12000000
05	02	记002	购进乙烯	200.00	200.00	4000000				800.00	200.00	16000000
05	04	记004	购进乙烯	400.00	200.00	8000000				1200.00	200.00	24000000
05	05	记006	购进乙烯	600.00	200.00	12000000				1800.00	200.00	36000000
05	15	记016	领用乙烯				800.00	200.00	16000000	1000.00	200.00	20000000

图 6-10 原材料明细分类账示例

（六）总分类账户与明细分类账户的平行登记

1. 总分类账户与明细分类账户的关系

总分类账户是所属明细分类账户的统驭账户，对所属明细分类账户起着控制作用；明细分类账户则是总分类账户的从属账户，对其所隶属的总分类账户起着辅助作用。总分类账户及其所属明细分类账户的核算对象是相同的，它们所提供的核算资料互相补充，只有把二者结合起来，才能既总括又详细地反映同一核算内容。因此，总分类账户和明细分类账户必须平行登记。

2. 总分类账户与明细分类账户平行登记的要点

平行登记是指对所发生的每项经济业务都要以会计凭证为依据，一方面记入有关总分类账户，另一方面记入所属明细分类账户的方法。总分类账户与明细分类账户平行登记的要点是：

（1）方向相同。将经济业务记入某一总分类账户及其所属的明细分类账户时，必须记在相同的方向。

（2）期间一致。对每项经济业务，应在同一会计期间内依据相同的会计凭证，在记入总分类账户的同时，应分别记入它所属的一个或几个明细分类账户。

（3）金额相等。记入某一总分类账户的金额必须与记入其所属的一个或几个明细分类账户的金额合计相等。总分类账户记入的是总括数字，明细分类账户记入的是明细数字。

任务二　对　账

一、对账的概念

对账就是核对账目，是对账簿记录所进行的核对工作。账簿是会计报表编制的直接依据，会计报表的可靠性依赖于账簿的可靠性。因此，在登账之后，编报之前，需要对账簿记录进行核对。

二、对账的内容

对账一般可以分为账证核对、账账核对和账实核对。

（一）账证核对

账证核对，是指将会计账簿与会计凭证有关内容进行核对。账簿是根据经过审核之后的会计凭证登记的，但实际工作中仍有可能发生账证不符的情况，记账后，应将账簿记录与会计凭证核对，核对账簿记录与原始凭证、记账凭证的时间、凭证字号、内容、金额等是否一致，记账方向是否相符。如有不符，应当查明原因，予以纠正。保证账证相符，是会计核算的基本要求之一，也是账账相符、账实相符的基础。

会计期末，如果发现账账不符，也可以再将账簿记录与有关会计凭证进行核对，以保证账证相符。

（二）账账核对

账账核对，是指将各种会计账簿之间相对应的记录进行核对。账账核对的主要内容如下：

1. 总分类账簿之间的核对

总分类账户中，全部账户本期借方发生额合计与全部账户本期贷方发生额合计应相等；全部账户借方期初余额合计与全部账户贷方期初余额合计应相等；全部账户借方期末余额合计与全部账户贷方期末余额合计应相等。

2. 总分类账簿与所属明细分类账簿之间的核对

由于在登账的过程中，总分类账簿与所属明细分类账簿是平行登记的，所以总分类账户与其所属明细分类账户之间存在一定的关联关系：总分类账户的期初余额等于所属的明细分类账户的期初余额之和；总分类账户的本期借方发生额等于所属的明细分类账户的本期借方发生额之和；总分类账户的本期贷方发生额等于所属的明细分类账户的本期贷方发生额之和；总分类账户的期末余额等于所属的明细分类账户的期末余额之和。

3. 总分类账簿与序时账簿之间的核对

现金日记账和银行存款日记账期末余额应分别同有关总分类账户的期末余额核对相符。

4. 明细分类账簿之间的核对

会计部门各种财产物资明细分类账的期末余额应与财产物资保管或使用部门有关明细账的期末余额核对相符。

(三) 账实核对

账实核对是指各项财产物资、债权债务等账面余额与实有数额之间的核对。账实核对的内容主要如下：

(1) 库存现金日记账账面余额与库存现金实际库存数逐日核对是否相符。

(2) 银行存款日记账账面余额与银行对账单的余额定期核对是否相符。

(3) 各项财产物资明细账账面余额与财产物资的实有数额定期核对是否相符。

(4) 有关债权债务明细账账面余额与对方单位的账面记录核对是否相符。

以上各种账实核对，一般是通过财产清查的方法进行的。

任务三 错账查找与更正方法

通过对账，会计人员可能会发现一些不相符的情况。这些不相符的情况表明账簿记录可能存在错误的内容，即存在错账。其中有些错账比较容易发现，另外一些错账却不那么显而易见。所以，当对账结果不相符的时候，首先需要查到错账所在，然后采用规定的方法进行更正。

一、错账查找方法

1. 差数法

差数法是指按照错账的差数查找错账的方法，即查找账簿中的各个金额有无与错账的差额相同的数字。适用情况：借方金额漏记，会使该金额在贷方超出；贷方金额漏记，会使该金额在借方超出。对于这样的错误，可由会计人员通过回忆相关金额的记账凭证进行查找。

2. 尾数法

尾数法是指对于发生的差错只查找末位数，以提高查错效率的方法。这种方法适合于借贷方金额其他位数都一致，而只有末位数出现差错的情况。比如只差 0.1 元，只需看一下尾数有 0.1 的金额，看是否已将其登记入账。

3. 除 2 法

除 2 法是指以差数除以 2 来查找错账的方法。这种方法适合于查找记错方向而产生的记账错误。如果某一数字记反了方向，就会使一方发生额增大，另一方发生额减少，差错数一定是记反方向数字的 2 倍。所以将其差错数除以 2 之后，如能整除，其商数即可能是记反方向的数字，在据此数字进行查找具体的记反方向的错账。

4. 除 9 法

除 9 法是指以差数除以 9 来查找错账的方法，适用于将数字写小（1 000 写成 100）、将数字写大（100 写成 1 000）和邻数颠倒（58 写成 85）而产生的错账。多记 1 位使原来数字增加 9 倍，多记 2 位使原来数字增加 99 倍，多记 3 位使原来数字增加 999 倍，都能被 9 整除；邻数颠倒而产生的差额也是 9 的倍数，能被 9 整除。所以，如果将出现的错账差除以 9，如能整除，说明错账可能是由于将数字写小、将数字写大或邻数颠倒引起的，以此为线索去查找错账。

二、错账更正方法

(一) 划线更正法（红线更正法）

在结账前发现账簿记录有文字或数字错误，而记账凭证没有错误，采用画线更正法。

具体做法：先在错误的文字或数字（整个数字）上画一条红线，表示注销，画线时必须使原有字迹仍可辨认，以备查验；然后用蓝字在红线的上方填写正确的文字或数字，并由记账在更正处盖章，以明确责任。对于错误的数字，应全部画红线更正，不得只更正其中的错误数字；对于文字错误，可以只画去错误的部分。例如，把“2 465”元误记为“2 495”元，更正方法如图 6－11 所示。

6 ~~2 495~~	2465 ~~2 495~~
错误的更正方法	正确的更正方法

现　金　日　记　账

2018 年 月	日	凭证编号 类	号	摘　要	对应科目	借方 百十万千百十元角分	√	贷方 百十万千百十元角分	√	余额 百十万千百十元角分
5	1			期初余额						300000
	2	银付	1	提现备用	银行存款	200000				500000
	9	银付	6	提取备用金	银行存款	300000				800000
	10	现付	8	支付办公用品费	管理费用		宋华	300000 ~~3000000~~		500000
	31			本月合计		3500000		1500000		2300000

图 6－11　画线更正法

（二）红字更正法

红字更正法，适用于以下两种情形：

1. 记账后发现记账凭证中的应借、应贷会计科目有错误所引起的记账错误

记账凭证会计科目错误时，先用红字填写一张与记账凭证完全相同的记账凭证，在“摘要”中注明“注销××××年××月××日号凭证”，并用红字登记入账，以示注销原记账凭证；然后再用蓝字重新编制一张正确的记账凭证，在“摘要”栏注明“更正××××年××月××日号凭证”，并登记入账，以更正错误记录。

【例 6－1】4 月 6 日，企业购入材料 5 000 元，货款尚未支付。错误记录：原记账凭证写错账户名称并已登记入账。

借：原材料　　5 000

　　贷：应收账款　　5 000

原材料（借）	原材料（贷）
5 000	

应收账款（借）	应收账款（贷）
	5 000

更正：

（1）4 月 18 日编制红字记账凭证并记入账内：

借：原材料　　$\boxed{5\ 000}$

　　贷：应收账款　　$\boxed{5\ 000}$

（注意：摘要栏是“冲销 4 月 6 日××号凭证错账”，统一用“$\boxed{\quad}$”代表红色 。）

原材料（借）	原材料（贷）
5 000	
$\boxed{5\ 000}$	

应收账款（借）	应收账款（贷）
	5 000
	$\boxed{5\ 000}$

（2）用蓝字编制正确记账凭证并登记入账：

借：原材料　　5 000

　　贷：应付账款　　5 000

（注意：摘要栏是“订正 4 月 6 日××号凭证错账”，统一用“$\boxed{\quad}$”代表红色 。）

原材料（借）	原材料（贷）
5 000	
$\boxed{5\ 000}$	
5 000	
5 000	

应付账款（借）	应付账款（贷）
	5 000
	5 000

应收账款（借）	应收账款（贷）
	5 000
	$\boxed{5\ 000}$
	0

2. 记账后发现记账凭证和账簿记录中应借、应贷会计科目无误，只是所记金额大于应记金额所引起的记账错误

更正时，按多记金额用红字编制一张与原记账凭证应借、应贷科目完全相同的记账凭证，然后据此用红字记入账内，在摘要栏注明“冲销××××年××月××日×号凭证多记金额”。

【例 6－2】企业提取本月固定资产折旧费 2 000 元，编制记账凭证时误记为 20 000 元。错误记账凭证和错账为

借：管理费用　　20 000

　　贷：累计折旧　　20 000

管理费用	
20 000	

累计折旧	
	20 000

更正：

将多记金额用红字编制记账凭证，并记入账内：

借：管理费用　　18 000

　　贷：累计折旧　　18 000

（注意：摘要栏是“冲销××××年××月××日号凭证错账”，统一用□代表红色。）

管理费用	
20 000	
18 000	
2 000	

累计折旧	
	20 000
	18 000
	2 000

（三）补充登记法

记账后发现记账凭证和账簿记录中应借、应贷会计科目无误，只是所记金额小于应记金额时，采用补充登记法。

进行更正时，将少记金额用蓝字编制一张与原记账凭证应借、应贷科目完全相同的记账凭证，然后用蓝字记入账内，并在摘要栏注明：“补记××××年××月××日号凭证少记金额”。

【例 6－3】为生产产品领用材料 6 300 元。

错误凭证：

借：生产成本　　3 600

　　贷：原材料　　3 600

生产成本	
3 600	

原材料	
	3 600

更正：

将少记金额编制记账凭证并过入账内：

借：生产成本　　2 700

　　贷：原材料　　2 700

（注意：摘要栏是“补记××××年××月××日号凭证少记金额”。）

生产成本

借	贷
3 600	
2 700	
6 300	

原材料

借	贷
	3 600
	2 700
	6 300

任务四　结　账

一、结账的概念

结账是一项将账簿记录定期结算清楚的账务工作。在一定时期结束时（如月末、季末或年末），为了编制财务报表，需要进行结账，具体包括月结、季结和年结。结账的内容通常包括两个方面：一是结清各种损益类账户，并据以计算确定本期利润；二是结出各资产、负债和所有者权益账户的本期发生额合计和期末余额。

二、结账的程序

（1）结账前，将本期发生的经济业务全部登记入账，并保证其正确性。对于发现的错误，应采用适当的方法进行更正。

（2）在本期经济业务全面入账的基础上，根据权责发生制的要求，调整有关账项，合理确定应计入本期的收入和费用。

（3）将各损益类账户余额全部转入“本年利润”账户，结平所有损益类账户。

（4）结出资产、负债和所有者权益账户的本期发生额和余额，并转入下期。

上述工作完成后，就可以根据总分类账和明细分类账的本期发生额和期末余额，分别进行试算平衡。

三、结账的方法

结账方法的要点主要有：

（1）对于不需按月结计本期发生额的账户，在每次记账以后，都要随时结出余额，每月最后一笔余额是月末余额，即月末余额就是本月最后一笔经济业务记录的同一行内余额。月末结账时，只需要在最后一笔经济业务记录之下通栏画单红线，不需要再次结计余额。

（2）对于库存现金、银行存款日记账和需要按月结计发生额的收入、费用等明细账，在每月结账时，要在最后一笔经济业务记录下面通栏画单红线，结出本月发生额和余额，在摘要栏内注明“本月合计”字样，并在下面通栏画单红线。

（3）对于需要结计本年累计发生额的明细账户，在每月结账时，应在“本月合计”行下结出自年初起至本月末止的累计发生额，登记在月份发生额下面，在摘要栏内注明“本年累计”字样，并在下面通栏画单红线。当年 12 月末的“本年累计”就是全年累计发生额，全年累计发生额下通栏画双红线。

（4）总账账户平时只需结出月末余额。年终结账时，为了总括地反映全年各项资金运动情况的全貌，核对账目时要将所有总账账户结出全年发生额和年末余额，在摘要栏内注明“本年合计”字样，并在合计数下通栏画双红线。

（5）年度终了结账时，有余额的账户，应将其余额结转下年，并在摘要栏注明“结转下年”字样；在下一会计年度新建有关账户的第一行余额栏内填写上年结转的余额，并在摘要栏注明“上年结转”字样，使年末有余额账户的余额如实地在账户中加以反映，以免混淆有余额的账户和无余额的账户。

拓展阅读

会计账簿的更换与保管

会计账簿的更换通常在新会计年度建账时进行。总账、日记账和多数明细账应每年更换一次，备查账簿可以连续使用。不同类型账簿的更换要求如表 6 - 6 所示。

表 6 - 6　不同类型账簿的更换要求

种类	适用范围
每年更换一次	总账 日记账 多数明细账
跨年度使用，不必每年更换	变动较小的明细账 备查账簿可以连续使用

年度终了，各种账户在结转下年、建立新账后，一般应将旧账集中统一管理。会计账簿暂由本单位财务会计部门保管一年，期满后，由本单位财务会计部门编造清册移交本单位的档案部门保管。

各种账簿应当按年度分类归档，编造目录，妥善保管。既保证在需要时迅速查阅，又保证各种账簿的安全和完整。保管期满后，还要按照规定的审批程序经批准后才能销毁。

项目六　客观题

项目六　主观题

项目七　财产清查

知识目标

1. 了解财产清查的意义与种类

2. 熟悉财产清查的一般程序以及货币资金、实物资产、往来款项的清查方法

3. 掌握银行存款余额调节表的编制、财产清查结果的账务处理

学银在线微课

技能目标

1. 通过对银行日记账和银行对账单的核对，学生能够找到未达账项，并编制银行存款余额调节表

2. 在实际工作中，学生能够对货币资金、实物资产和往来款项进行清查

思政目标

1. 加强资产管理的能力，树立风险意识，更好地保障企业资产安全完整

2. 养成勤于动脑、勤于动手的意识

任务一　财产清查概述

任务引入

小张和小王大学毕业后合伙开了一家“茶小甜”奶茶店，小王因为学了一些会计知识，所以店里记账的工作自然落在了小王身上。由于临近高校，奶茶店生意特别好，小王平时只是把各种财产物资在账上进行了登记，根本没有时间进行清点。结果，期末进行盘点时，发现多种资产的账面数与实存数不符。假如你是奶茶店的会计人员，应如何进行这些资产的清查？当发生资产账实不符时，应如何进行会计处理呢？

任务分析

奶茶店为了保证账产物资的安全完整，应定期或不定期核对账产物资是否账实相符。不同资产由于性质不同，清查的时间、方法、人员、要求等都有所不同。

知识学习

一、财产清查的概念与意义

财产清查是指通过对货币资金、实物资产和往来款项等财产物资进行盘点或核对，确定其实存数，查明账存数与实存数是否相符的一种专门方法。

在实际工作中，由于种种原因，各项财产物资的实存数常常出现于账存数不相符的情况。例如：

（1）在收发财产物资时，由于计量、检验不准确而发生品种、数量或质量上的差错；

（2）账务处理中出现漏记、重记、错记或计算上的错误；

（3）财产物资在保管过程中发生自然损耗；

（4）未达账项；

（5）由于管理不善、工作人员失职，以及不法分子的营私舞弊、贪污失职；

（6）发生自然灾害和意外事故，导致财产物资毁损。

为保证财产物资核算的真实性和完整性，企业应当建立健全财产物资清查制度。

财产清查的主要意义有：

（1）通过财产清查，企业查明原因和责任，以便采取有效措施，消除差异，改进工作，从而保证账实相符，提高会计资料的准确性。

（2）通过财产清查，企业可以查明各项财产物资的保管情况是否良好，有无因管理不善，造成霉烂、变质、损失浪费，或者被非法挪用、贪污盗窃的情况，以便采取有效措施，改善管理，切实保障各项财产物资的安全完整。

（3）通过财产清查，企业可以查明各项财产物资的库存和使用情况，合理安排生产经营活动，充分利用各项财产物资，加速资金周转，提高资金使用效果。

小提示

“摸清家底”就是要清查企业实际拥有的财产物资，也就是财产清查。通过财产清产，我们可查明企业各项财产物资的实际数，并与账簿记录相核对，以发现记账中的错误，确定账实是否相符。若不相符，要查明原因，分清责任，并按规定的手续及时调整账面数字，直至账实相符。

二、财产清查的种类

财产清查可以按照不同的标准进行分类（图 7－1）。

（一）按照清查的范围分类

1. 全面清查

全面清查是对属于本单位或存放在本单位的全部财产物资进行的清查。

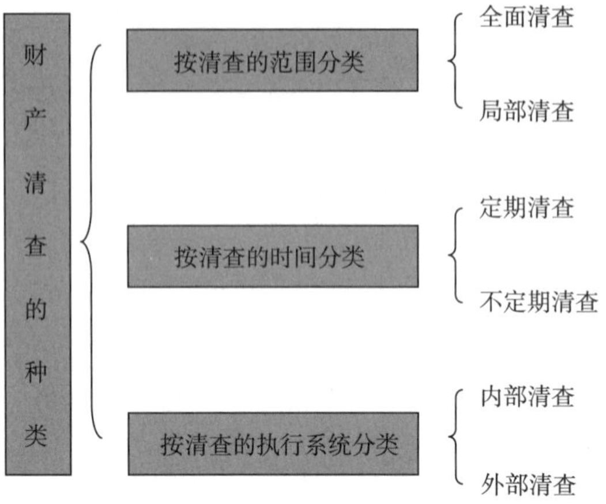

图 7-1　财产清查的种类

全面清查的对象包括固定资产、材料、在产品、半成品、产成品、库存商品、在建工程和其他物资；现金、银行存款及各种有价证券；在途货币资金、在途材料、在途商品、委托加工物资；各项往来款项、银行借款、缴拨款项和其他结算账项。

由于全面清查具体内容多、范围广、工作量大等特点，不可能经常进行。需要进行全面清查的情况有：年终决算之前，为确保年终决算会计信息的真实和准确，单位合并、撤销、改变原来隶属关系或中外合资、国内联营以及股份制改制时，开展资产评估、清产核资等活动时，单位主要负责人调离工作前等。

2. 局部清查

局部清查是指根据需要对部分财产物资进行盘点与核对。局部清查的对象主要是货币资金、存货等流动性较大的财产物资。

局部清查的相关要求：现金，每日终了，应由出纳人员自行盘点；银行存款，每月至少要同银行核对一次；存货年内轮流盘点或重点抽查各种贵重物资，每月都应清查盘点一次；债权债务，每年至少要核对一至二次。

（二）按照清查的时间分类

1. 定期清查

定期清查是指按照预先计划安排的时间对财产进行的盘点和核对。定期清查一般在年末、季末、月末进行。定期清查的形式可以是全面清查，也可以是局部清查。例如，年终决算前的财产清查属于全面清查，每日的现金清查属于局部清查。

2. 不定期清查

不定期清查是指事前不规定清查日期，而是根据特殊需要临时进行的盘点和核对。

不定期清查的情况有：更换财产物资保管人员和现金出纳人员时，发生自然灾害和意外损失时，进行临时性的清产核资时，财政、税务、银行以及审计等部门对本单位进行临时检查时等。

不定期清查的形式可以是全面清查，也可以是局部清查。例如，更换财产物资保管人员时的清查为局部清查，进行临时性的清产核资为全面清查。

（三）按照清查的执行系统分类

1. 内部清查

内部清查是指由本单位内部自行组织清查工作小组所进行的财产清查工作。大多数财产清查都是内部清查。

2. 外部清查

外部清查是指由上级主管部门、审计机关、司法部门、注册会计师根据国家有关规定或情况需要对本单位所进行财产清查。一般来讲，进行外部清查时应有本单位相关人员参加。

三、财产清查的一般程序

财产清查是一项时间紧、范围广、工作量大的工作，为保证财产清查工作有条不紊地进行，一般按以下程序进行：

（1）建立财产清查组织；

（2）组织清查人员学习有关政策规定，掌握有关法律、法规和相关业务知识，以提高财产清查工作的质量；

（3）确定清查对象、范围，明确清查任务；

（4）制订清查方案，具体安排清查内容、时间、步骤、方法，以及必要的清查前准备；

（5）清查时本着先清查数量、核对有关账簿记录等，后认定质量的原则进行；

（6）填制盘存清单；

（7）根据盘存清单，填制实物、往来账项清查结果报告表。

任务二 财产清查的方法

任务引入

跟往常一样，小美在下班之前清点库存现金数额，发现实际现金数额是 2 000 元，但她记账的现金日记账上的金额却是 2 200 元，账实不符！第一次碰到这种情况，小美慌了，于是找到王主管，向王主管寻求解决方法。

同学们，如果你是王主管，你该如何来帮助小美呢？

任务分析

当现金清点结果出现长短款，需按以下四个步骤进行处理（图 7－2）。

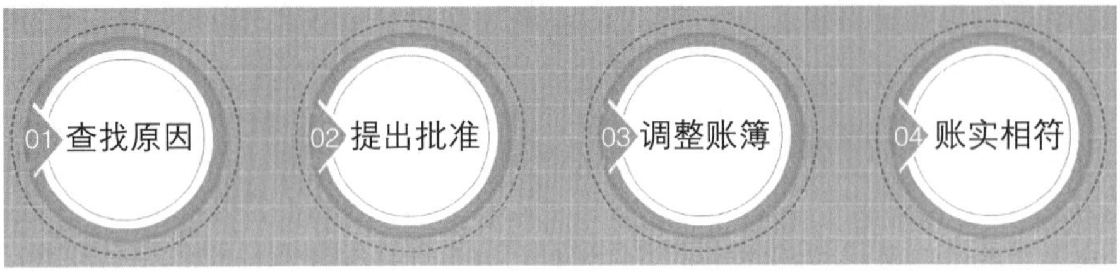

图 7-2　清查结果处理的四个步骤

知识学习

由于货币资金、实物资产、往来款项的特点各有不同，财产清查时，应采用与其特点和管理要求相适应的方法。

一、货币资金的清查方法

（一）库存现金的清查

库存现金的清查是采用实地盘点法确定库存现金的实存数，然后与库存现金日记账的账面余额相核对，确定账实是否相符。

库存现金清查包括以下两种情况：

1. 日常清查

由于现金的收支业务十分频繁，容易出现差错，出纳人员每日业务终了清点库存现金实有数，并与库存现金日记账的账面余额核对，做到账实相符，这是出纳人员所做的经常性的现金清查工作。日常清查的目的如图 7-3 所示。

2. 专门清查

在坚持日清月结的基础上，为了加强对出纳工作的监督，确保库存现金安全完整，各单位应建立库存现金清查制度。由有关领导和专业人员组成清查小组，定期或不定期地对库存现金情况进行清查盘点。重点检查账款是否相符、有无白条抵库、有无私借公款、有无挪用公款、有无账外资金等违法违纪行为。在进行现金清查时，为了明确经济责任，出纳员和财产清查人员都必须在场，出纳员负责清点现金，清查人员负责监督。在检查现金数量的同时，还要注意有无违反财经纪律的情况，如不能用白条抵库等。专门清查的目的如图 7-4 所示。

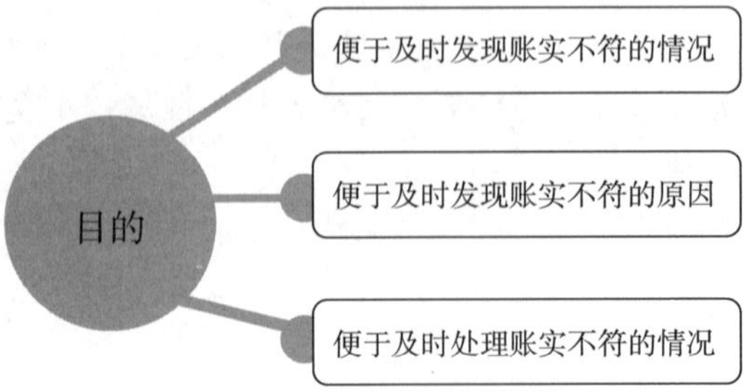

图 7-3　日常清查的目的

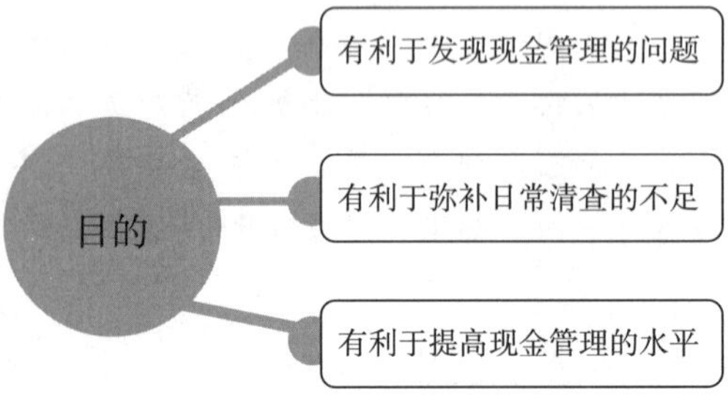

图 7-4　专门清查的目的

请注意

《中华人民共和国现金管理暂行条例》明确规定，开户单位只可在下列范围内使用现金：

（一）职工工资、津贴；

（二）个人劳务报酬；

（三）根据国家规定颁发给个人的科学技术、文化艺术、体育等各种奖金；

（四）各种劳保、福利费用以及国家规定的对个人的其他支出；

（五）向个人收购农副产品和其他物资的价款；

（六）出差人员必须随身携带的差旅费；

（七）结算起点以下的零星支出；

（八）中国人民银行确定需要支付现金的其他支出。

现金盘点后，盘点人员应编制“库存现金盘点报告表”（表 7－1），并由盘点人员和出纳人员共同签章，并据以调整现金日记账的账面记录。

表 7－1　库存现金盘点报告表

现金盘点表

单位名称：　　　　　　　　年　　月　　日

<table>
<tr><td rowspan="2">实存金额</td><td rowspan="2">账存金额</td><td colspan="2">对比结果</td><td rowspan="2">备 注</td></tr>
<tr><td>盘 盈</td><td>盘 亏</td></tr>
<tr><td></td><td></td><td></td><td></td><td></td></tr>
<tr><td>现金使用情况</td><td colspan="4">（1）库存现金限额：
（2）白条抵库情况：
（3）违反规定的现金支出情况：
（4）其他违规行为：</td></tr>
<tr><td colspan="3">处理决定：</td><td colspan="2">总经理：</td></tr>
</table>

批复联

会计机构负责人：　　　　盘点人：　　　　出纳员：

拓展阅读

白条抵库

白条抵库亦称“白条顶库”，以不符合财务制度和会计凭证的字条或单据顶替合法单据，挪用库存现金的行为。例如，有的单位支出现金时没有发票或收据等正规付款凭证，只是用白纸写了一个收条或欠条作为现金库存等。“白条”未经合法手续审批，随意支取现金会产生挪用、挥霍和贪污公款等行为，给不法分子以可乘之机；“白条”一旦丢失，无据可查，给单位或个人都会造成不该有的损失。

任务实施

2020年12月29日，长江公司在现金清查中发现现金溢余500元。12月30日，上述现金溢余经查属于少支付给黄河公司的款项。请编制现金盘点表。

现金盘点表如表7-2所示。

表7-2 现金盘点表

现金盘点表

单位名称：长江公司　　　　2020年12月30日

实存金额	账存金额	对比结果		备注
		盘盈	盘亏	
2 500元	2 000元	500元		少支付给黄河公司的款项
现金使用情况	（1）库存现金限额：3 000元 （2）白条抵库情况：无 （3）违反规定的现金支出情况：无 （4）其他违规行为：无			
处理决定： 上述现金长款为黄河公司的应付款项，请予支付。 同　意				

（二）银行存款的清查

银行存款的清查是采用与开户银行核对账目的方法进行的，即将本单位银行日记账的账簿记录与开户银行转来的对账单逐笔进行核对，来查明银行存款的实有数额。银行存款的清查一般在月末进行。

1. 银行存款日记账与银行对账单不一致的原因

将截止到清查日所有银行存款的收付业务都登记入账后，对发生的错账、漏账应及时查清更正，再与银行的对账单逐笔核对。如果二者余额相符，通常说明没有错误；如果二者余额不相符，则可能是企业或银行一方或双方记账过程有错误或者存在未达账项。

未达账项，是指企业和银行之间，由于记账时间不一致而发生的一方已经入账，而另一方尚未入账的事项。未达账项一般分为以下四种情况：

（1）企业已收，银行未收，即企业已收款记账，银行未收款未记账的款项。例如，企业销售产品收到转账支票，企业日记账已登记入账，而银行尚未收到支票，未入账的款项。

（2）企业已付，银行未付，即企业已付款记账，银行未付款未记账的款项。例如，企业开出转账支票，根据支票存根已登记银行存款减少，而银行尚未收到支票，未入账的款项。

（3）银行已收，企业未收，即银行已收款记账，企业未收款未记账的款项。例如，银行收到外单位采用托收承付结算方式购货所支付的款项，已登记入账，而企业未收到银行通知未入账的款项。

（4）银行已付，企业未付，即银行已付款记账，企业未付款未记账的款项。例如，银行代企业支付了电费，已登记企业银行存款的减少，而企业因未收到付款凭证尚未记账的款项。

上述任何一种未达账项的存在，都会使企业银行存款日记账的余额与银行开出的对账单的余额不符。所以，在与银行对账时首先应查明是否存在未达账项，如果存在未达账项，就应该编制“银行存款余额调节表”，据以调节双方的账面余额，确定企业银行存款实有数。

请注意

“银行存款余额调节表”只是企业对账的工具，而不是原始凭证。各单位不能根据“银行存款余额调节表”中所列示的“未达账项”调整企业账簿记录。对于银行已入账而企业尚未入账的未达账项，必须在收到银行的收付款通知时，方可进行账务处理。

2. 银行存款清查的步骤

银行存款的清查按以下四个步骤进行：

（1）根据经济业务、结算凭证的种类、号码和金额等资料逐日逐笔核对银行存款日记账与银行对账单。凡双方都有记录的，用铅笔在金额旁打上记号“√”。

（2）找出未达账项（即银行存款日记账和银行对账单中没有打“√”的款项）。

（3）将日记账和对账单的月末余额及找出的未达账项填入“银行存款余额调节表”，并计算出调整后的余额。

（4）将调整平衡的“银行存款余额调节表”，经主管会计签章后，呈报开户银行。

银行存款余额调节表的编制，是以双方账面余额为基础，各自分别加上对方已收款入账而己方尚未入账的数额，减去对方已付款入账而己方尚未入账的数额。其计算公式为

企业银行存款日记账余额＋银行已收企业未收款－银行已付企业未付款

＝银行对账单存款余额＋企业已收银行未收款－企业已付银行未付款

要求：编制银行存款余额调节表（表 7－3）。

表 7-3 银行存款余额调节表

年 月 日 单位：元

项目	金额	项目	金额
企业银行日记账余额	59 650	银行对账单余额	67 000
加：银行已收、企业未收	8 950	加：企业已收、银行未收	5 000
减：银行已付、企业未付	4 800	减：企业已付、银行未付	8 200
调节后的存款余额	63 800	调节后的存款余额	63 800

任务实施

长江公司收到开户银行转来的对账单，余额为 67 000 元，该公司银行存款日记账余额为 59 650 元，经逐笔核对，发现几笔未达账项：

(1) 12 月 27 日，公司购买设备一台，开出转账支票 8 200 元，持票人尚未到银行兑现；

(2) 12 月 27 日，银行收到外地汇款 7 900 元，已存入公司账户，公司尚未收到收款通知；

(3) 12 月 28 日，银行代公司支付本月水电费 1 200 元，公司尚未收到付款通知；

(4) 12 月 29 日，公司预收货款，收到转账支票 5 000 元，送存银行，银行尚未入账；

(5) 12 月 30 日，银行已从公司存款账户中扣掉公司应付的短期借款利息 3 600 元，公司尚未收到付息通知；

(6) 12 月 30 日，发生银行存款收入 1 050 元，银行已入账公司尚未收到利息清单。

3. 银行存款余额调节表的作用

(1) 银行存款余额调节表是一种对账记录或对账工具，不能作为调整账面记录的依据，即不能根据银行存款余额调节表中的未达账项来调整银行存款账面记录，未达账项只有在收到有关凭证后才能进行有关的账务处理。

(2) 调节后的余额如果相等，通常说明企业和银行的账面记录一般没有错误，该余额通常为企业可以动用的银行存款实有数。

(3) 调节后的余额如果不相等，通常说明一方或双方记账有误，需进一步追查，查明原因后予以更正和处理。

二、实物资产的清查

(一) 实物资产的盘存制度

1. 永续盘存制

永续盘存制亦称“账面盘存制”，是平时对企业单位各项财产物资分别设立明细账，

根据会计凭证连续记载其增减变化并随时结出余额的一种管理制度。其计算公式为

账面期末余额＝账面期初余额＋本期增加数－本期减少数

2. 实地盘存制

实地盘存制是平时根据有关会计凭证，只登记财产物资的增加数，不登记减少数，期末根据实地盘点确定的结存数倒挤出存货减少数量。其计算公式为

本期发出数量＝期初结存数量＋本期购入数量－期末结存数量

想一想

永续盘存制与实地盘存制的区别主要表现在以下两个方面：

（1）两者对各项财产物资在账簿中登记的方法不同。永续盘存制平时对各项财产物资的增加数和减少数都要根据会计凭证在有关的账簿中进行连续的登记，并随时在账簿中结算出各项财产物资的账面结存数；实地盘存制平时只对各项财产物资的增加数根据会计凭证记入有关账户，而不登记减少数，月末根据实地盘点的各项财产物资的实际结存数，计算出本期减少数，并记入有关账簿。

（2）两者财产清查的目的不同。永续盘存制下财产清查的目的是与账簿记录进行核对；实地盘存制下财产清查的目的是计算期末财产的结存数。

思考：哪种盘存制度更为严谨呢？

（二）实物资产的清查方法

实物资产主要包括固定资产、存货（原材料．在产品、半成品、产成品）等。实物资产的清查就是对实物资产在数量和质量上所进行的清查。不同品种的实物资产，由于其实物形态、体积、重量以及堆放方式不同，可采用不同的清查方法。一般可采用实地盘点法和技术推算法两种方法。

1. 实地盘点法

实地盘点法就是运用度、量、衡等工具，通过点数，逐一确定被清查实物实有数的一种方法。这种方法适应范围较广，大多数财产物资都可采取这种方法，并且这种方法数字准确可靠，但工作量较大。

适用范围：使用范围广、数量准确、清查质量高，但清查的工作量大。例如，对于机器设备、包装好的原材料、产成品和库存商品等的盘点。

2. 技术推算法

技术推算法是通过量方、计尺等技术标准推算出实物资产实有数的一种方法。这种方法适用于堆垛量很大、不便一一清点、单位价值又比较低的实物的清查。例如，露天堆放的燃料用煤，就可以用技术推算法。

为了明确经济责任，无论采用哪种方法，盘点仓库物资时，物资保管人员必须在场；盘点正在使用中物资时，有关的物资管理人员和使用人员应当参加盘点。

在盘点的过程中，盘点人员首先应查明实物的名称、规格和型号；其次是清点其

数量，避免重复清点或漏点；接着检验其质量，从中发现有无腐烂、变质、毁损等情况，以确定实物的完好程度；最后根据实际清查结果填写盘存单（表7－4）。盘存单既是记录盘点结果的书面证明，也是反映实物资产实存数的原始凭证。

表7－4 盘存单

单位名称：

盘 存 单

财产类别：　　　　　　　　　　编号：

盘点时间：　　　　　　　　　　存放地点：

编 号	名 称	计量单位	数 量	单 价	金 额	备 注

盘点人签章：　　　　　　　　　　实物保管人签章：

适用范围：价值低、成堆堆放、难以逐一清点的财产物资。例如，散装的化肥、饲料、煤炭等大堆存放实物。

为了进一步查明盘点结果同账簿余额是否一致，在填制了盘存清单后，还应根据“盘存单”和账簿记录编制“实存账存对比表”，也称“盘点盈亏对照表”（表7－5），以便对账实不一致的情况进行分析和确定经济责任，并据此进行账务调整。

表7－5 实存账存对比表

实存账存对比表

单位名称：　　　　　　　　年　月　日

<table>
<tr><th rowspan="3">编号</th><th rowspan="3">类别及名称</th><th rowspan="3">计量单位</th><th rowspan="3">单价</th><th colspan="2">实 存</th><th colspan="2">账 存</th><th colspan="4">对比结果</th><th rowspan="3">备注</th></tr>
<tr><th rowspan="2">数量</th><th rowspan="2">金额</th><th rowspan="2">数量</th><th rowspan="2">金额</th><th colspan="2">盘 盈</th><th colspan="2">盘 亏</th></tr>
<tr><th>数量</th><th>金额</th><th>数量</th><th>金额</th></tr>
<tr><td></td><td></td><td></td><td></td><td></td><td></td><td></td><td></td><td></td><td></td><td></td><td></td><td></td></tr>
<tr><td colspan="13">处理决定：</td></tr>
</table>

审核人：　　　　　　　　　　制表人：

三、往来款项的清查方法

往来款项主要包括应收、应付款项和预收、预付款项等。往来款项的清查一般采用发函询证的方法进行核对。

单位应按每一个经济往来单位编制“往来款项对账单”（表7－6）一式两份，送往经济往来单位。对方经过核对后，在回联单上加盖公章后返回，表示已核对；如果经核对数字不相符，对方应在回单上注明情况，作为进一步核对的依据。

表7－6 往来款对账单示例

往来款对账单 ×××单位： 你单位于××年××月××日从我单位购入甲产品2 000件，已付货款40 000元，尚有60 000元货款尚未支付，请核对后将回联单寄回。 清查单位：（盖章） 年 月 日 沿此虚线剪下，将回联单寄回！
往来款对账单（回联） ×××清查单位： （1）你单位寄来的“往来款对账单”已收到，经核对相符无误。 （2）经核对，我单位的往来款项与你单位送达的对账单金额不符，我单位账面余额如下： ×××单位（盖章） 年 月 日

往来款项清查以后，将清查结果编制“往来款项清查报告单”（表7－7），填列各项债权、债务的余额。对于有争执的款项以及无法收回的款项，应在报告单上详细列明情况，以便及时采取措施进行处理，避免或减少坏账损失。

表 7-7 往来款项清查报告单

结算往来款项清查结果报告表

总分类账户名称：　　　　　　　　年　月　日

明细分类账户		清查结果		核对不符原因分析			备注
名称	账面余额	核对相符金额	核对不符金额	未达账项金额	有争议款项金额	其他	

清查人员签章：　　　　　　　　往来会计签章：

任务实施

2020 年 9 月 8 日，长江公司在财产清查过程中，发现毁损（某材料）30 件，单价 50 元。9 月 10 日，经调查，该材料毁损是由于 1 号仓库失火造成的，经批准后损失记入“营业外支出”账户。“盘存单”及“实存账存对比表”如表 7-8、7-9 所示。

表 7-8 盘存单

单位名称：长江公司

盘　存　单

财产类别：原料及主要材料　　　　编号：509

盘点时间：2020年9月8日　　　　存放地点：1号仓库

编号	名称	计量单位	数量	单价	金额	备注
509	某材料	件	532	50.00	26 600.00	

盘点人签章：那敬　　　　实物保管人签章：顾宁

表 7－9 实存账存对比表

实存账存对比表

单位名称：长江公司　　　　　　　　2020年9月10日

编号	类别及名称	计量单位	单价	实存		账存		对比结果				备注
								盘盈		盘亏		
				数量	金额	数量	金额	数量	金额	数量	金额	
509	某材料	件	50.00	532	26 600.00	562	28 100.00			30	1 500.00	火灾

处理决定：

上述盘亏记入“营业外支出”账户。

同意。

总经理：陆绎

审核人：刘远文　　　　　　　　制表人：王明

任务三　财产清查结果的处理

任务引入

小美在经过王主管的帮助后，找到了解决办法，并清楚当库存现金出现长短款后应采用实地盘点法清查，由于实际数额为 2 000 元，现金日记账上数额为 2 200 元，形成盘亏 200 元。经过调查，这盘亏的 200 元系小美工作失职造成，由出纳人员小美赔偿。请你帮小美进行账务处理，做到账实相符。

任务分析

库存现金清查如果出现盘盈或者盘亏，应通过“待处理财产损益—待处理流动资产损溢”账户进行核算。

小提示

现金盘点需要根据不同结果产生的原因进行不同的账务处理（图 7－5）。

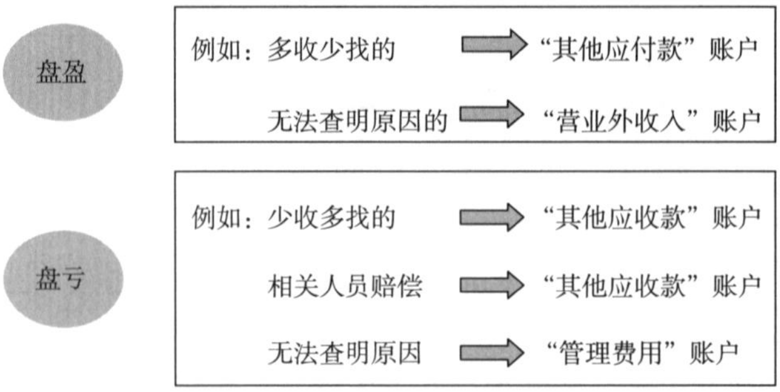

图 7－5　现金盘盈亏账户

知识学习

一、财产清查结果处理的要求

财产清查后会出现两种情况：一是实存数与账存数一致，不必进行账务处理。二是实存数与账存数存在差异，实存数小于账存数，即财产物资发生盘亏；实存数大于账存数，即财产物资发生盘盈；实存数等于账存数，但是实存的财产物资，由于种种原因，发生毁损的。对于财产清查中发现的差异，不管是财产物资的盘盈、盘亏还是毁损或其他各种损失，应核实情况，调查分析产生的原因，按照国家有关法律、法规，进行相应的处理。财产清查结果处理的具体要求有：

（一）分析产生差异的原因和性质，提出处理建议

通过清查发现的账实不符的差异，需查明原因，明确经济责任，提出处理意见。其中，因个人工作失误造成的损失，应由个人负责赔偿；因经营管理不善造成的损失，应计入管理费用；因自然灾害造成的损失，可列入营业外支出。

（二）积极处理多余积压财产，清理往来款项

对清查过程中发现的超储积压物资，除本单位内部设法利用、改制、代用外，应积极组织推销，做到物尽其用，以提高资金的周转率和财产物资的使用的效率。对长期拖欠不清的债权、债务，指定专人负责，限时清偿。

（三）总结经验教训，建立和健全各项管理制度

财产清查以后，针对发现的问题，认真加以总结、分析，并查明原因，确定经济责任，提出改进措施，进一步健全相应的财产物资管理制度，特别是岗位责任制和内部控制制度。

（四）及时调整账簿记录，保证账实相符

对于财产清查中发现的盘盈与盘亏，应及时上报并进行账务处理，调整账面记录，做到账实相符。

二、财产清查结果处理的步骤与方法

对于财产清查结果的处理可分为以下两种情况：

1. 审批之前的处理

根据“清查结果报告表”“盘点报告表”等已经查实的数据资料，填制记账凭证，记入有关账簿，使账簿记录与实际盘存数相符。同时，根据权限，将处理意见报股东大会或董事会，或经理（厂长）会议或类似机构批准。

2. 审批之后的处理

企业清查的各种财产的损溢，应于期末前查明原因，并根据企业的管理权限，经股东大会或董事会，或经理（厂长）会议或类似机构批准后，在期末结账前处理完毕。企业应严格按照有关部门关于财产清查结果提出的处理意见填制有关记账凭证，登记有关账簿，并追回由于责任者原因造成的财产损失。

期末结账前，如果企业清查的各种财产的损溢尚未经批准，在对外提供财务报表时，先按上述规定进行处理，并在附注中作出说明；其后批准处理的金额与已处理金额不一致的，调整财务报表相关项目的年初数。

三、财产清查结果的账务处理

（一）设置“待处理财产损溢”账户

为了反映和监督企业在财产清查过程中查明的各种财产物资的盘盈、盘亏、毁损及其处理情况，应设置“待处理财产损溢”账户（但固定资产盘盈和毁损分别通过“以前年度损益调整”“固定资产清理”账户核算）。该账户属于双重性质的资产类账户，下设“待处理流动资产损溢”和“待处理非流动资产损溢”两个明细分类账户进行明细分类核算。

该账户的借方登记财产物资的盘亏数、毁损数和批准转销的财产物资盘盈数，贷方登记财产物资的盘盈数和批准转销的财产物资盘亏及毁损数。企业清查的各种财产的盘盈、盘亏和毁损应在期末结账前处理完毕，所以“待处理财产损溢”账户在期末结账后没有余额。其基本结构如图 7－6 所示。

待处理财产损溢

借	贷
财产物资的盘亏数、毁损数	财产物资的盘盈数
批准转销的财产物资盘盈数	批准转销的财产物资盘亏及毁损数

图 7－6　待处理财产损溢

（二）库存现金清查结果的账务处理

1. 库存现金盘盈的账务处理

库存现金盘盈（长款）时，应及时办理库存现金的入账手续，调整库存现金账簿记录，即按盘盈的金额借记“库存现金”科目，贷记“待处理财产损溢—待处理流动资产损溢”科目。

对于盘盈的库存现金，应及时查明原因。管理权限报经批准后，按盘盈的金额借记“待处理财产损溢—待处理流动资产损溢”科目；按需要支付或退还他人的金额，贷记“其他应付款”科目；按无法查明原因的金额，贷记“营业外收入”科目。

【例7-1】2020年12月20日，大华公司库存现金清查，结果发现长款50元。根据库存现金盘点表，编制会计分录如下：

借：库存现金　　50

　　贷：待处理财产损溢—待处理流动资产损溢　　50

2. 库存现金盘亏的账务处理

库存现金盘亏（短款）时，应及时办理盘亏的确认手续，调整库存现金账簿记录，即按盘亏的金额借记“待处理财产损溢—待处理流动资产损溢”科目，贷记“库存现金”科目。

对于盘亏的库存现金，应及时查明原因，按管理权限报经批准后，按可收回的保险赔偿和过失人赔偿的金额借记“其他应收款”科目，按管理不善等原因造成净损失的金额借记“管理费用”科目，按自然灾害等原因造成净损失的金额借记“营业外支出”科目，按原记入“待处理财产损溢—待处理流动资产损溢”科目借方的金额贷记该科目。

【例7-2】2020年12月31日，大华公司库存现金清查，结果发现短款200元。根据库存现金盘点表，编制会计分录如下：

借：待处理财产损溢—待处理流动资产损溢　　200

　　贷：库存现金　　200

【例7-3】承例7-1和例7-2，2020年12月31日，大华公司经反复核查，下达财产清查结果处理决定：库存现金长款转作营业外收入，库存现金短缺中100元应由出纳李红赔偿，另外100元计入管理费用。

根据审批处理结果，分别进行如下账务处理：

（1）长款的处理

借：待处理财产损溢—待处理流动资产损溢　　50

　　贷：营业外收入　　50

（2）短款的处理

借：其他应收款　　100

　　管理费用　　100

　　贷：待处理财产损溢—待处理流动资产损溢　　200

（三）存货清查结果的账务处理

1. 存货盘盈的账务处理

存货盘盈时，应及时办理存货入账手续，调整存货账簿的实存数。盘盈的存货应按其重置成本作为入账价值借记“原材料”“库存商品”等科目，贷记“待处理财产损溢—待处理流动资产损溢”科目。

对于盘盈的存货，应及时查明原因，按管理权限报经批准后，冲减管理费用，即按其入账价值，借记“待处理财产损溢—待处理流动资产损溢”科目，贷记“管理费用”科目。

【例7-4】大华公司财产清查中，发现盘盈甲材料2 000元，经查明是由于收发计量上的错误所致。

（1）审批前：

借：原材料—甲材料	2 000	
贷：待处理财产损溢—待处理流动资产损溢		2 000

（2）审批后：

借：待处理财产损溢—待处理流动资产损溢	2 000	
贷：管理费用		2 000

2. 存货盘亏的账务处理

存货盘亏时，应按盘亏的金额借记“待处理财产损溢—待处理流动资产损溢”科目，贷记“原材料”“库存商品”等科目。材料、产成品、商品采用计划成本（或售价）核算的，还应同时结转成本差异（或商品进销差价）。涉及增值税的，还应进行相应处理。

对于盘亏的存货，应及时查明原因。管理权限报经批准后，按可收回的保险赔偿和过失人赔偿的金额，借记“其他应收款”科目；按管理不善等原因造成净损失的金额，借记“管理费用”科目；按自然灾害等原因造成净损失的金额，借记“营业外支出”科目；按原记入“待处理财产损溢—待处理流动资产损溢”科目借方的金额，贷记该科目。

【例7-5】大华公司盘亏乙材料2 000元，经查明部分是由于保管人员过失造成的材料毁损，应由过失人赔偿1 500元，其余为自然灾害造成。

（1）审批前：

借：待处理财产损溢—待处理流动资产损溢	2 340	
贷：原材料—乙材料		2 000
应交税费—应交增值税（进项税额转出）		340

（2）审批后：

借：其他应收款	1 500	
营业外支出		840
贷：待处理财产损溢—待处理流动资产损溢		2 340

（四）固定资产清查结果的账务处理

小提示

根据《企业会计准则第4号——固定资产》及其应用指南的有关规定，固定资产盘盈应作为前期差错记入“以前年度损益调整”科目，而原来则是作为当期损益。之所以新准则将固定资产盘盈作为前期差错进行会计处理，是因为固定资产出现由于企业无法控制的因素而造成盘盈的可能性极小甚至是不可能的，企业出现了固定资产的盘盈必定是企业以前会计期间少计、漏计而产生的，应当作为会计差错进行更正处理，这样也能在一定程度上控制人为的调节利润的可能性。

企业在财产清查过程中盘盈的固定资产，经查明确属企业所有，按管理权限报经批准后，应根据盘存凭证填制固定资产交接凭证，经有关人员签字后送交企业会计部门，填写固定资产卡片账，并作为前期差错处理，通过“以前年度损益调整”科目核算。盘盈的固定资产通常按其重置成本作为入账价值借记“固定资产”科目，贷记“以前年度损益调整”科目。涉及增值税、所得税和盈余公积的，还应按相关规定处理。

1. 固定资产盘盈的账务处理

【例 7 - 6】大华公司在财产清查中，盘盈账外机器一台，估计价值 3 000 元，已提折旧 2 000 元。

借：固定资产　　3 000
　　贷：累计折旧　　2 000
　　　　以前年度损益调整　　1 000

2. 固定资产盘亏的账务处理

固定资产盘亏时，应及时办理固定资产注销手续。按盘亏固定资产的账面价值，借记“待处理财产损溢—待处理非流动资产损溢”科目；按已提折旧额，借记“累计折旧”科目；按其原价，贷记“固定资产”科目。涉及增值税和递延所得税的，还应按相关规定处理。

对于盘亏的固定资产，应及时查明原因。管理权限报经批准后，按过失人及保险公司应赔偿额，借记“其他应收款”科目；按盘亏固定资产的原价扣除累计折旧和过失人及保险公司赔偿后的差额，借记“营业外支出”科目；按盘亏固定资产的账面价值，贷记“待处理财产损溢—待处理非流动资产损溢”科目。

【例 7 - 7】大华公司盘亏旧 A 型设备一台，账面原值 1 700 元，已提折旧 920 元。经审批，属于意外损失。

（1）审批前：

借：待处理财产损溢—待处理固定资产损溢　　780
　　累计折旧　　920
　　贷：固定资产 —A 型设备　　1 700

（2）审批后：

借：营业外支出　　780
　　贷：待处理财产损益—待处理固定资产损溢　　780

（五）结算往来款项盘存的账务处理

在财产清查过程中发现的长期未结算的往来款项，应及时清查。对于经查明确实无法支付的应付款项可按规定程序报经批准后，转作营业外收入，借记“应付账款”，贷记“营业外收入”。

对于无法收回的应收款项则作为坏账损失冲减坏账准备。坏账是指企业无法收回或收回的可能性极小的应收款项。由于发生坏账而产生的损失，称为坏账损失。

企业通常应将符合下列条件之一的应收款项确认为坏账：①债务人死亡，以其遗产清偿后仍然无法收回；②债务人破产，以其破产财产清偿后仍然无法收回；③债务人较长时间内未履行其偿债义务，并有足够的证据表明无法收回或者收回的可能性极小。企业对有确凿证据表明确实无法收回的应收款项，经批准后作为坏账损失。对于已确认为坏账的应收款项，并不意味着企业放弃了追索权，一旦重新收回，应及时入账。

其基本程序是清查单位在检查本单位各项结算款项账目正确、完整的基础上编制“往来款项对账单”后送交双方单位进行核对（表 7 - 10）。

表 7 - 10　往来款项对账单

往来款项对账单

业务序号	金 额	发生日期	核对情况		备 注
			相符金额	不符金额	
合 计					

项目七　客观题

项目七　主观题

项目八　财务会计报告

知识目标

1. 认知财务会计报告的概念和作用
2. 区别财务报表的不同分类
3. 理解资产负债表、利润表和现金流量表的意义、作用和编制方法

学银在线微课

技能目标

1. 能够准确、完整的编制资产负债表
2. 能够准确、完整的编制利润表

思政目标

1. 增强信息收集、财务数据处理、文字表达和团队合作能力
2. 具有求真务实、不做假账的职业素养

任务一　财务会计报告概述

任务引入

小张和小王开的“茶小甜”奶茶店生意越来越好，经过一年的辛苦经营，已经慢慢走上轨道，并且也有了不小的收益。

作为老板的两位自然要关注奶茶店的财务状况。那么，在经营了一段时间后，企业到底是赚了还是赔了呢？最后，奶茶店有多少“真金白银”可供两位老板使用呢？作为会计的你，来帮助这两位老板排忧解难吧。

任务分析

首先，作为会计的你此时应该要把企业的资产情况（钱财、料物等各项资产的余额是多少）和资产的来源（负债和所有者权益各是多少）编制成资产负债表，向两位老板报告奶茶店的财务状况；其次，对两位老板最为关心的利润问题，还要编制利润表反映奶茶店的经营成果；最后，作为一个好的企业，不仅要赚钱，还要赚到钱。利

润表只能反映你企业赚了多少钱，但是这些钱是否是“真金白银”，还是具有不确定性的。身为企业的财务人员，我们深知现金流的重要性，它好比企业的血液一样。企业收进来多少现金，付出去多少现金，还剩多少在银行里。所以，还要编制现金流量表，反映奶茶店资金的来源和去向。

知识学习

一、财务会计报告的概念与目标

财务会计报告是指单位会计部门根据经过审核的会计账簿记录和有关资料，编制并对外提供的反映单位某一特定日期财务状况和某一会计期间经营成果、现金流量及所有者权益等会计信息的总结性书面文件。

财务会计报告的目标是向财务会计报告使用者提供与企业财务状况、经营成果和现金流量等有关的会计信息，反映企业管理层受托责任履行情况，有助于财务会计报告使用者作出经济决策。财务会计报告的使用者包括投资者、债权人、政府及其有关部门和社会公众等。财务会计报告提供的会计信息对于各个层面的使用者都具有重要的作用。

第一，财务会计报告可以为企业投资者、债权人进行投资决策和信贷决策提供财务会计信息。从投资者的角度看，通过财务会计报告提供的会计信息，可以了解企业的盈利能力和发展能力，从而帮助投资者评价企业经营者履行职责的情况，最终作出继续投资或撤资等决定，保护自身合法权益，也可以帮助潜在的投资者作出正确的投资决策。从债权人的角度来看，通过财务报告提供的信息，可以帮助了解企业当前财务状况和资金情况，评价企业的偿债能力和财务风险程度，作出是否保持对企业的债权、增加或减少信贷规模、调整信用政策等决策。

第二，财务会计报告可以为有关管理部门加强检查、监督和维护经济秩序提供资料，加强管理部门对企业的指导和管理，监督企业遵守国家相关法律、法规。税务部门可以根据企业税收实现和缴纳的情况进一步加强财政监督和税务管理；审计部门可能审计企业各项会计处理是否符合会计准则的要求，是否客观公允地反映了某一期间内企业的财务状况和经营成果等。

第三，加强管理层的监督，为决策提供依据。通过财务会计报告提供的信息，管理者可以了解企业的资产、负债和所有者权益情况，经营成果的实现情况，企业资金的来源和去向以及当前企业面临的经营风险和财务风险等，以便进一步改善企业的经营管理，为实现经营、投资和筹资方面的决策提供依据。

二、财务会计报告的构成与分类

（一）财务会计报告的构成

财务会计报告包括会计报表、会计报表附注和财务情况说明书（图 8-1）。

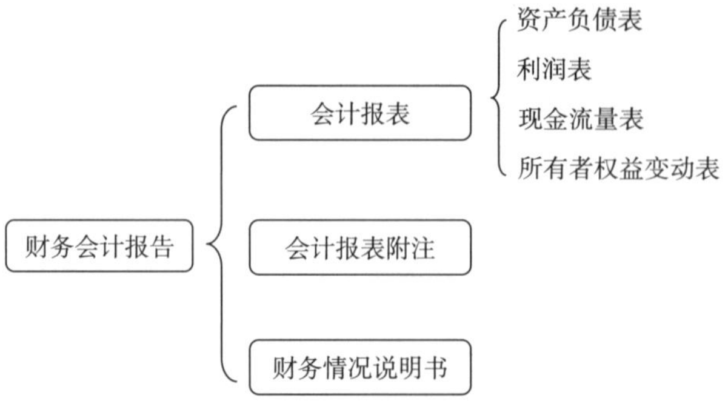

图 8－1　财务会计报告的构成

1. 会计报表

会计报表是指企业以一定的会计方法和程序由会计账簿的数据整理得出，以表格的形式反映企业财务状况、经营成果和现金流量的书面文件，是财务会计报告的主体和核心。企业会计报表按其反映的内容不同，分为资产负债表、利润表、现金流量表、所有者权益（或股东权益）变动表及相关附表。其中，相关附表是反映企业财务状况、经营成果和现金流量的补充报表，主要包括利润分配表以及国家统一制度规定的其他附表。小企业可以根据需要编制现金流量表。

2. 会计报表附注

会计报表附注是为便于会计报表使用者理解会计报表的内容而对会计报表的编制基础、编制依据、编制原则和方法及主要项目等所作的解释。会计报表附注是财务会计报告的一个重要组成部分，它有利于增进会计信息的可理解性，提高会计信息可比性和突出重要的会计信息。

小提示

财务会计报告的各个组成部分具有同等重要的程度。

(二) 财务会计报告的分类

企业的会计报表按照其服务对象、报表的编制时间、编制主体等可分为不同的种类。

1. 会计报表按其服务对象分为外部报表和内部报表两大类

外部报表是企业向外部的会计信息使用者报告经济活动和财务收支情况的会计报表，如资产负债表、利润表、现金流量表和所有者权益变动表等。这类报表一般有统一的格式和编制要求。

内部报表是用来反映经济活动和财务收支的具体情况，为管理者进行决策提供信息的会计报表。这类报表无规定的格式和种类。

2. 会计报表按照编制的时间可分为中期报表和年报

中期报表是指短于一年的会计期间编制的会计报表，如月报、季报、半年末报表等。月报是月终编制的会计报表，只包括一些主要的报表，如资产负债表、利润表等。季报是季度终了以后编制的报表，种类比年报少一些。半年末报表是指每个会计年度的前六个月结束后对外提供的财务会计报告。年报是年度终了以后编制的，全面反映整个年度企业财务状况、经营成果及其分配、现金流量等方面的报表。

3. 会计报表按其编制主体不同可分为个别报表和合并报表

个别报表是企业在自身会计核算基础上对账簿记录进行加工而编制的报表，它主要用于反映企业自身的财务状况、经营成果、现金流量及所有者权益变动情况。

合并报表是以集团公司中的控股公司（母公司）及其对子公司组成的企业集团为会计主体，以控股公司（母公司）和其子公司单独编制的个别报表为基础，由控股公司（母公司）编制的反映抵消集团内部往来账项后的集团合并财务状况、经营成果、现金流量及所有者权益变动的报表。合并报表包括合并资产负债表、合并利润表、合并现金流量表和合并所有者权益（股东权益）变动表等。

通常，企业对其他单位投资占该单位资本总额50%以上的，或虽然占该单位资本总额不足50%以上但具有实质控制权的，应当编制合并报表。

三、财务会计报告的编制要求

企业编制的会计报告是以结构化的形式列示企业的财务状况、经营成果和现金流量等信息，应当真实可靠、相关可比、全面完整、编制及时、便于理解。财务会计报告的编制，是会计核算工作的重要环节，也是《中华人民共和国会计法》重点加以规范的内容之一，其编制应遵循以下基本要求：

1. 真实可靠

必须根据核实无误的账簿和相关资料编制，不得弄虚作假，这是保证财务会计报告质量的重要环节。

2. 企业编制财务会计报告应以持续经营为基础

企业应当以持续经营为基础，根据实际发生的交易和事项，按照《企业会计准则——基本准则》和其他各项会计准则的规定进行确认和计量，在此基础上编制财务报表。管理层应对是否能够持续经营进行评估，若某些重大不确定因素可能导致对主体持续经营产生严重怀疑时，应对不确定因素充分披露，但企业不能以附注披露代替确认和计量。以持续经营为基础编制财务报表不合理的，企业应当采用其他基础编制财务报表，并在附注中披露这一事实。企业在当期已经决定或正式决定下一个会计期间进行清算或停止营业的，表明其处于非持续经营状态的，应当采用其他基础编制财务报表。例如，破产企业的资产应当采用可变现净值计量等，并在附注中声明财务报表未以持续经营为基础列报，披露未以持续经营为基础的原因以及财务报表的编制基础。

请注意

在编制财务报表的过程中，企业管理层应当利用所有可获得的信息来评价企业自报告期末起至少12个月的持续经营能力。

3. 重要性项目单独列报

重要性指如果项目的省略或误报会单独或共同影响内外部使用者作出的经济决策，则该项目是重要的。重要性应当根据企业所处环境，从项目的性质和金额大小两个方面加以判断，且对各项目重要性的判断标准一经确定，不得随意变更。其中：项目的性质应当考虑该项目是否属于企业日常活动，是否对企业的财务状况和经营成果具有较大影响等因素；项目金额大小的重要性，应当通过单项金额占资产总额、负债总额、所有者权益总额、营业收入总额、净利润等直接相关项目金额的比重加以确定。

性质或功能类似的项目，其所属类别具有重要性的，应当按其类别在财务报表中单独列报。性质或功能不同的项目，应当在财务报表中单独列报，但不具有重要性的项目除外。

《企业会计准则第30号——财务报表列报》规定在财务报表中单独列报的项目，应当单独列报；其他会计准则规定单独列报的项目，应当增加单独列报项目。

4. 保持各个会计期间财务报表列报的一致性

列报一致性要求财务报表中的列报和分类应在各期间之间保持一致。除非准则要求改变，或主体的经营性质发生重大变化。改变后的列报能够提供更可靠的、且对财务报告使用者更相关的信息，同时不损害可比信息。

5. 各项目之间金额不得相互抵消

财务报表中的资产项目和负债项目的金额、收入项目和费用项目的金额不得相互抵消，单独列报资产和负债、收益和费用以便使用者更易理解已发生的交易、其他事项的情况，以及评估主体未来的现金流量。

资产项目按扣除减值准备后的净额列示，不属于抵消。例如，存货跌价准备与存货项目，应收账款计提的坏账准备与应收账款项目按抵减后的余额列报不属于抵消等。非日常活动产生的损益，以收入扣减费用后的净额列示，不属于抵消。例如，非流动资产处置产生的利得与损失，按处置收入扣除该资产账面金额与相关销售费用后的余额列报不属于抵消，若这些利得与损失是重要的则应单独列报。

6. 财务报告中应列报所有金额的前期比较信息

当期财务报表的列报，至少应当提供所有列报项目上一可比会计期间的比较数据，以及与理解当期财务报表相关的说明，其他会计准则另有规定的除外。

当财务报表项目的列报发生变更的，应当对上期比较数据按照当期的列报要求进行调整，并在附注中披露调整的原因和性质，以及调整的各项目金额。对上期比较数据进行调整不切实可行（不切实可行，是指企业在作出所有合理努力后仍然无法采用某项规定）的，应当在附注中披露不能调整的原因。

7. 披露要求

企业应当在财务报表的显著位置至少披露下列各项：

（1）编报企业的名称；

（2）资产负债表日或财务报表涵盖的会计期间；

（3）人民币金额单位；

（4）财务报表是合并财务报表的，应当予以标明。

企业至少应当按年编制财务报表。年度财务报表涵盖的期间短于一年的，应当披露年度财务报表的涵盖期间，以及短于一年的原因。

任务二　资产负债表

任务引入

我们父母在年终盘算时，发现家里的经济情况“兵分两路”，一部分形成家里的资产总共是25万元，那这25万元包括哪些呢？银行卡里有10万元的存款，借给朋友2万元，买了一台车花了10万元，买了台笔记本电脑花了1万元，最后花2万元炒了股。另外，父母还偿还了一部分负债，把欠别人的5万元和欠银行的房贷15万元都还了，最后，手头还剩5万元存款。我们怎么用资产负债表来呈现呢？

任务分析

左边资产是25万元，右边负债和所有者权益的合计数也是25万元，左右两边是相等的。大家看看，几分钟的整理，家庭的资产负债表就呈现出来了（图8－2）。

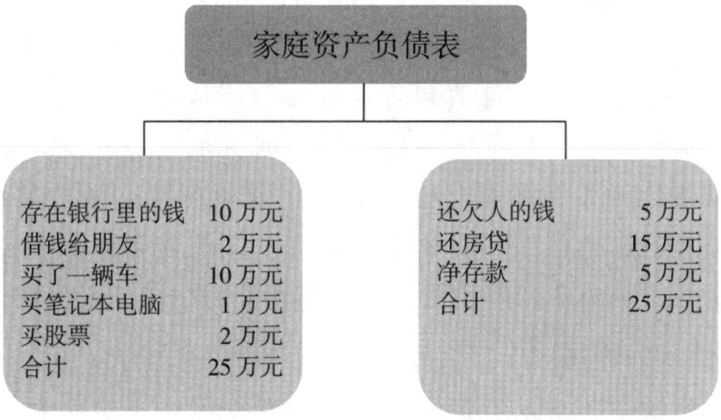

图8－2　家庭资产负债表

想一想

同学们，你可以把你们家里的财务状况编制一张资产负债表吗？

家庭的资产负债表和企业的资产负债表是一回事吗？

如果我们用一个杠杆来表示，杠杆的左边是企业的资产，右边是企业的负债和所有者权益。右边表示的是资金的来源，也就是钱从哪里来？可以是借入的，也可以是自有的。而左边表示资金的去向，也就是钱花到哪些去了，最终这些资金我们都要去应用，就形成了企业的各项资产。不管资金怎么去应用，最终都会达到一个平衡点，那就是资产＝负债＋所有者权益。所以，不管是家庭的资产负债表还是企业的资产负债表，都是要达到一个平衡（图 8－3）。

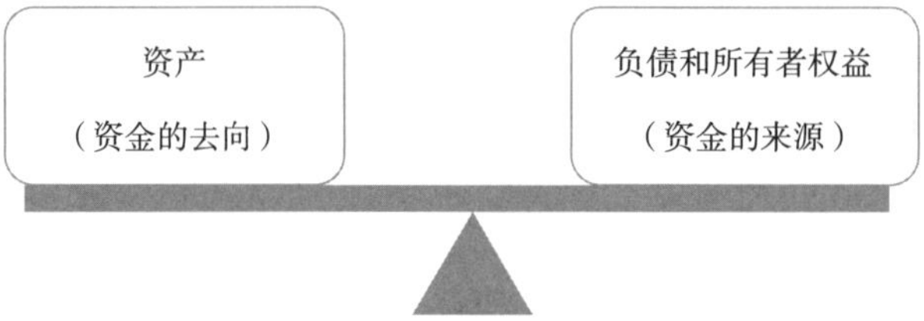

图 8－3　资产、负债和所有者权益平衡

知识学习

一、资产负债表的概述

（一）资产负债表的概念

资产负债表又称财务状况表，是指反映企业在某一特定日期财务状况的会计报表。它是根据“资产＝负债＋所有者权益”这一会计等式，依照一定的分类标准和顺序，将企业在一定日期的全部资产、负债和所有者权益项目进行适当分类、汇总、排列后编制而成的。资产负债表中的数据体现的是特定时刻的财务状况，属于静态报表，也是企业基本会计报表之一，是所有独立核算的企业单位都必须对外报送的会计报表。企业编制资产负债表的目的是如实反映企业的资产、负债和所有者权益金额及其结构情况，帮助使用者评价企业资产的质量及短期偿债能力、长期偿债能力、利润分配等。

（二）资产负债表的作用

资产负债表的作用主要有：①可以提供某一日期的资产总额及其结构，表明企业拥有或控制的资源及其分布情况；②可以提供某一日期的负债总额及其结构，表明企业未来需要用多少资产或劳务清偿债务以及清偿时间；③可以反映所有者所拥有的权益，据以判断资本保值、增值的情况以及对负债的保障程度。

二、资产负债表的列报要求

1. 分类别列报

资产负债表应当按照资产、负债和所有者权益三大类别分类列报。

2. 资产和负债按流动性列报

资产和负债按照流动性分为流动资产和非流动资产、流动负债和非流动负债列报。

流动性，通常按资产的变现或耗用时间长短或者负债的偿还时间长短来确定。按照财务报表列报准则的规定，应先列报流动性强的资产或负债，再列报流动性弱资产或负债。

3. 列报相关的合计、总计项目

资产负债表中的资产类至少应当列示流动资产和非流动资产的合计项目；负债类至少应当列报流动负债、非流动负债以及负债的合计项目；所有者权益类应当列报所有者权益的合计项目。

小提示

资产负债表应当分别列报资产总计项目和负债与所有者权益之和的总计项目，并且这二者的金额应当相等。

我国《企业会计准则》规定，企业的资产负债表采用账户式。账户式又称水平式，是表中资产项目按一定顺序列示于报表的左方，负债和所有者权益项目列示于报表的右方，报表左右两方总额相等。资产项目按其流动性的大小排列，流动性强的排在前面，流动性弱的排在后面；负债和所有者权益项目按清偿时间的先后顺序排列，需要在一年以内或者长于一年的一个营业周期内偿还的流动负债排在前面，在一年以上才需要偿还的非流动负债排在中间，所有者权益项目排在最后。其优点是资产、负债和所有者权益的恒等关系一目了然。这个恒等关系是我们编制这个资产负债表的基本原理。

三、资产负债表的结构与格式

（一）资产负债表的结构

资产负债表由表头、正表两部分构成。

1. 表头

表头部分包括资产负债表的名称、编号、编制单位、编表时间和金额单位等内容。由于该表反映企业在某一时点总的财务状况，属于静态报表。因此，一定要注明是某年某月某日的报表。

2. 正表

正表是资产负债表的主体部分，主要反映资产负债表各项目的内容。资产负债表包括资产、负债和所有者权益三个会计要素。各要素按一定的标准进行分类，并按一定的顺序加以排列。资产项目按照其流动性的大小（即变现能力的强弱）排列，流动性大的在先，流动性小的在后；负债项目按照其到期日的远近排列，到期日近的在先，到期日远的在后；所有者权益项目按其永久程度排列，永久程度高的在先，永久程度低的在后。

（二）资产负债表的格式

资产负债表的格式主要有账户式和报告式两种。根据我国《企业会计准则》的规定，我国资产负债表采用账户式的结构。

账户式资产负债表分左右两方，左方为资产项目，按资产的流动性大小排列；右方为负债及所有者权益项目，一般按求偿权先后顺序排列。其格式如表 8－1 所示。

表 8－1 资产负债表

编制单位： 年 月 日 单位：元

资产	期末余额	上年年末余额	负债和所有者权益（或股东权益）	期末余额	上年年末余额
流动资产：			流动负债：		
货币资金			短期借款		
交易性金融资产			交易性金融负债		
衍生金融资产			衍生金融负债		
应收票据			应付票据		
应收账款			应付账款		
应收款项融资			预收款项		
预付款项			合同负债		
其他应收款			应付职工薪酬		
存货			应交税费		
合同资产			其他应付款		
持有待售资产			持有待售负债		
一年内到期的非流动资产			一年内到期的非流动负债		
其他流动资产			其他流动负债		
流动资产合计			流动负债合计		
非流动资产：			非流动负债：		
债权投资			长期借款		
其他债权投资			应付债券		
长期应收款			其中：优先股		
长期股权投资			永续债		
其他权益工具投资			租赁负债		
其他非流动金融资产			长期应付款		
投资性房地产			预计负债		
固定资产			递延收益		
在建工程			递延所得税负债		
生产性生物资产			其他非流动负债		

（续表）

资产	期末余额	上年年末余额	负债和所有者权益（或股东权益）	期末余额	上年年末余额
油气资产			非流动负债合计		
使用权资产			负债合计		
无形资产			所有者权益（或股东权益）：		
开发支出			实收资本（或股本）		
商誉			其他权益工具		
长期待摊费用			其中：优先股		
递延所得税资产			永续债		
其他非流动资产			资本公积		
非流动资产合计			减：库存股		
			其他综合收益		
			专项储备		
			盈余公积		
			未分配利润		
			所有者权益（或股东权益）合计		
资产总计			负债和所有者权益（或股东权益）总计		

四、资产负债表的编制

（一）编制依据

资产负债表的编制依据是：资产＝负债＋所有者权益。

（二）资产负债表的编制方法

1. 资产负债表“期末余额”栏的填列方法

（1）根据总账科目余额直接填列。如“交易性金融资产”“实收资本”“应付票据”“短期借款”“应付职工薪酬”等项目，应根据有关总账账户的余额直接填列即可。

（2）根据若干个总账科目余额计算填列。如“货币资金”项目，根据“库存现金”“银行存款”“其他货币资金”科目的期末余额的合计数填列。

（3）根据明细科目余额计算填列。如“应付账款”项目，根据“应付账款”“预付账款”科目所属相关明细科目的期末贷方余额计算填列；“应收账款”项目应根据“应收账款”和“预收账款”两个科目所属明细科目的期末借方余额计算填列。

(4) 根据总账科目和明细科目余额分析计算填列。如“长期借款”项目，根据“长期借款”总账科目余额扣除“长期借款”科目所属明细科目中反映的将于一年内到期的长期借款部分分析计算填列。

(5) 根据总账科目余额减去其备抵科目余额后的净额填列。如“应收账款”项目，根据“应收账款”科目期末余额减去“坏账准备”科目期末余额后的净额填列；“固定资产”项目，应根据“固定资产”科目的期末余额减去“累计折旧”和“固定资产减值准备”科目余额后的净额填列。

【例 8-1】长江公司由朱红和罗中两个股东共同投资，于 2020 年 6 月 30 日注册成立，投资人共投资 500 000 元，分别以银行存款、原材料和机器设备出资。相关账户余额为银行存款 200 000 元，原材料 80 000 元，固定资产 220 000 元。2015 年 6 月 30 日，A 公司如何通过资产负债表反映其财务状况？

A 公司 2020 年 6 月 30 资产负债表简表如表 8-2 所示。

表 8-2 资产负债表

编制单位：A 公司　　　　2020 年 6 月 30 日　　　　单位：元

资产	期末余额	年初余额	负债和所有者权益	期末余额	年初余额
流动资产：			流动负债：		
货币资金	200 000		短期借款		
应收账款			应付账款		
存货	80 000		流动资产合计		
流动资产合计	280 000		非流动负债：		
非流动资产			长期借款		
固定资产	220 000		非流动负债合计		
无形资产			负债合计		
非流动资产合计	220 000		所有者权益：		
			实收资本	500 000	
			未分配利润		
			所有者权益合计	500 000	
资产总计	500 000		负债和所有者权益合计	500 000	

2. 资产负债表“年初余额”栏的填列方法

资产负债表的“年初余额”栏通常根据上年末有关项目的期末余额填列，且与上年末资产负债表“期末余额”栏一致。如果企业上年度资产负债表规定的项目名称和内容与本年度不一致，应当对上年年末资产负债表相关项目的名称和数字按照本年度的规定进行调整，填入“年初余额”栏。

【例 8-2】长江公司 2020 年 12 月 31 日结账后，有关账户余额如表 8-3 所示。该企业 2020 年 12 月 31 日的资产负债表中，相关项目的金额为多少？

表 8－3 账户余额表 单位：元

账户名称	借方余额	贷方余额
应收账款	1 500 000	100 000
预付账款	700 000	50 000
应付账款	300 000	1 700 000
预收账款	500 000	1 300 000

该企业 2020 年 12 月 31 日的资产负债表中，相关项目的金额为

“应收账款”项目金额＝1 500 000＋500 000＝2 000 000（元）

“预付款项”项目金额＝700 000＋300 000＝1 000 000（元）

“应付款项”项目金额＝50 000＋1 700 000＝1 750 000（元）

“预收款项”项目金额＝1 300 000＋100 000＝1 400 000（元）

（三）资产负债表各具体项目的填列说明

1. 资产项目填列说明

（1）“货币资金”项目，反映企业库存现金、银行存款、外埠存款、银行汇票存款、银行本票存款、信用卡存款、信用证保证金存款等的合计数。本项目应根据“现金”“银行存款”“其他货币资金”科目的期末余额合计填列。

（2）“交易性金融资产”项目，反映企业持有的以公允价值计量且其变动计入当期损益的为交易目的所持有的债权投资、股票投资、基金投资、权证投资等金融资产。本项目应根据“交易性金融资产”账户的基本余额填列。

（3）“衍生金融资产”项目，反映企业衍生金融工具形成的资产期末余额。该项目应根据“衍生工具”账户分析填列。

（4）“应收票据”项目，反映企业因销售商品、提供劳务等而收到的商业汇票，包括银行承兑汇票和商业承兑汇票。本项目应根据“应收票据”科目的期末余额，减去“坏账准备”科目中有关应收票据计提的坏账准备期末余额后的金额填列。

（5）“应收账款”项目，反映企业因销售商品、提供劳务等经营活动应收取的款项。本项目应根据“应收账款”和“预收账款”科目所属各明细科目的期末借方余额合计减去“坏账准备”科目中有关应收账款计提的坏账准备期末余额后的金额填列。例如，“应收账款”科目所属明细科目期末有贷方余额的，应在本表“预收款项”项目内填列。

（6）“应收款项融资”项目，反映企业以公允价值计量且变动计入其他综合收益的应收票据和应收账款等。

（7）“预付款项”项目，反映企业按照购货合同规定预付给供应单位的款项等。本项目应根据“预付账款”和“应付账款”科目所属各明细科目的期末借方余额合计数，减去“坏账准备”科目中有关预付款项计提的坏账准备期末余额后的金额填列。例如，

“预付账款”科目所属各明细科目期末有贷方余额的，应在资产负债表“应付账款”项目内填列。

(8)“其他应收款”项目，应根据“应收利息”“应收股利”和“其他应收款”账户的期末余额合计数，减去“坏账准备”账户中相关坏账准备期末余额后的金额填列。

(9)“存货”项目，反映企业期末在库、在途和在加工中的各种存货的账面价值。本项目应根据“材料采购”“原材料”“低值易耗品”“库存商品”“周转材料”“委托加工物资”“委托代销商品”“生产成本”等科目的期末余额合计，减去“受托代销商品款”“存货跌价准备”科目期末余额后的金额填列。材料采用计划成本核算，以及企业库存商品采用计划成本核算或售价核算的，还应按加或减材料成本差异、商品进销差价后的金额填列。

(10)“合同资产”项目，反映企业履行履约义务与客户付款之间形成的债权关系，本项目根据“合同资产”科目的明细科目期末余额分析填列，同一合同下的合同资产和合同负债应当以净额列示：净额为借方余额的，应当根据其流动性在“合同资产”或“其他非流动资产”项目中填列，已计提减值准备的，还应减去“合同资产减值准备”科目中相应的期末余额后的金额填列。其中，净额为贷方余额的，应当根据其流动性在“合同负债”或“其他非流动负债”项目中填列。

(11)“持有待售资产”项目，反映资产负债表日划分为持有待售类别的非流动资产及划分为持有待售类别的处置组中的流动资产和非流动资产的期末账面价值。该项目应根据“持有待售资产”科目的期末余额，减去“持有待售资产减值准备”科目的期末余额后的金额填列。

(12)“一年内到期的非流动资产”项目，反映企业将于一年内到期的非流动资产项目金额。本项目应根据有关科目的期末余额分析填列。

(13)“其他流动资产”项目，反映企业除上述流动资产项目外的其他流动资产，本项目应根据有关账户的期末余额填列。如果其他流动资产价值较大的，应在财务报表附注中披露其内容和金额。

(14)“债权投资”项目，反映资产负债表日企业以摊余成本计量的长期债权投资的期末账面价值。该项目应根据“债权投资”科目的相关明细科目期末余额，减去“债权投资减值准备”科目中相关减值准备的期末余额后的金额分析填列。自资产负债表日起一年内到期的长期债权投资的期末账面价值，在“一年内到期的非流动资产”项目反映。企业购入的以摊余成本计量的一年内到期的债权投资的期末账面价值，在“其他流动资产”项目反映。

(15)“其他债权投资”项目，反映资产负债表日企业分类为以公允价值计量且其变动计入其他综合收益的长期债权投资的期末账面价值。该项目应根据“其他债权投资”科目的相关明细科目期末余额分析填列。自资产负债表日起一年内到期的长期债权投资的期末账面价值，在“一年内到期的非流动资产”项目反映。企业购入的以公允价值计量且其变动计入其他综合收益的一年内到期的债权投资的期末账面价值，在“其他流动资产”项目反映。

（16）“长期应收款”项目，反映企业的长期应收款项，包括融资租赁产生的应收款项，采用递延方式具有融资性质的销售商品和提供劳务等产生的应收款项等。本项目根据“长期应收款”账户的期末余额直接填列。

（17）“长期股权投资”项目，反映企业持有的对子公司、联营企业和合营企业的长期股权投资。本项目应根据“长期股权投资”科目的期末余额，减去“长期股权投资减值准备”科目的期末余额后的净额填列。

（18）“其他权益工具投资”项目，反映企业指定为以公允价值计量且其变动计入其他综合收益的非交易性权益工具投资的期末账面价值。本项目应根据“其他权益工具投资”的账户的期末余额填列。

（19）“其他非流动金融资产”项目，反映除债权投资、其他债权投资、长期应收款、长期股权投资、其他权益工具投资以外的其他非流动金融资产。

（20）“投资性房地产”项目，反映企业采用成本模式计量的投资性房地产的成本。企业采用公允价值模式计量投资性房地产的，也可通过本账户核算。本项目根据“投资性房地产”账户的期末余额减去“投资性房地产累计折旧（摊销）”账户的余额，再减去提取的“投资性房地产减值准备”账户后的净额填列。

（21）“固定资产”项目，反映企业各自固定资产原价减去累计折旧和累计减值准备后的净额。本项目根据“固定资产”账户期末余额，减去“累计折旧”和“固定资产减值准备”账户期末余额后的金额填列。

（22）“在建工程”项目，反映企业期末各项未完工程的实际支出，包括交付安装的设备价值、未完建筑安装工程已经耗用的材料、工资和费用支出、预付出包工程的价款等项目的可收回金额。本项目应根据“在建工程”科目的期末余额，减去“在建工程减值准备”科目期末余额，以及“工程物资”账户的期末余额，减去“工程物资减值准备”账户的期末余额后的净额填列。

（23）“生产性生物资产”项目，反映企业（农业）持有的生产性生物资产原价。本项目应根据“生产性生物资产”账户的余额减去“生产性生物资产累计折旧”账户的余额，再减去“生产性生物资产减值准备”账户后的净额填列。

（24）“油气资产”项目，反映企业（石油、天然气开采）持有的矿区权益和油气井及相关设施的原价。本项目应根据“油气资产”账户余额减去“累计折耗”账户的余额，再减去“油气资产减值准备”账户后的净额填列。

（25）“使有权资产”项目，反映承租人企业持有的使用权资产的期末账面价值。本项目应根据“使用权资产”账户的期末余额，减去“使用权资产减值准备”账户的期末余额后的金额填列。

（26）“无形资产”项目，反映企业持有的无形资产，包括专利权、非专利技术、商标权、著作权、土地使用权等。本项目应根据“无形资产”科目的期末余额，减去“累计摊销”和“无形资产减值准备”科目期末余额后的金额填列。

（27）“开发支出”项目，反映企业开发无形资产过程中能够资本化形成无形资产成本的支出部分。本项目应当根据“研发支出”科目中所属的“资本化支出”明细科目期末余额填列。

（28）“商誉”项目，反映企业合并中形成的商誉价值。本项目应根据“商誉”账户余额减去“商誉减值准备”账户后的净额填列。

（29）“长期待摊费用”项目，反映企业已经发生但应由本期和以后各期负担的分摊期限在一年以上的各项费用。长期待摊费用中在一年内（含一年）摊销的部分，在资产负债表“一年内到期的非流动资产”项目填列。本项目应根据“长期待摊费用”科目的期末余额减去将于一年内（含一年）摊销的数额后的金额填列。

（30）“递延所得税资产”项目，反映企业确认的可抵扣暂时性差异产生的递延所得税资产。本项目应根据“递延所得税资产”账户期末的余额填列。

（31）“其他非流动资产”项目，反映企业除长期股权投资、固定资产、在建工程、工程物资、无形资产等以外的其他非流动资产。本项目应根据有关科目的期末余额填列。

2. 负债项目填列说明

（1）“短期借款”项目，反映企业向银行或其他金融机构等借入的期限在一年以下（含一年）的各种借款。本项目应根据“短期借款”科目的期末余额填列。

（2）“交易性金融负债”项目，反映企业承担的交易性金融负债公允价值。企业持有的直接指定为公允价值计量且其变动计入当期损益的金融负债，也在本账户核算。本项目根据“交易性金融负债”账户期末余额填列。

（3）“衍生金融负债”项目，反映公司衍生金融工具业务中的衍生金融工具的公允价位及其变动形成的衍生负债。本项目根据“衍生工具”、套期工具、衍生金融负债被套期项目科日的期末贷方余额填列。

（4）“应付票据”项目，反映企业购买材料、商品和接受劳务供应等而开出、承兑的商业汇票，包括银行承兑汇票和商业承兑汇票。本项目应根据“应付票据”科目的期末余额填列。

（5）“应付账款”项目，反映企业因购买材料、商品和接受劳务供应等经营活动应支付的款项。本项目应根据“应付账款”和“预付账款”科目所属各明细科目的期末贷方余额合计数填列。例如，“应付账款”科目所属明细科目期末有借方余额的，应在资产负债表“预付款项”项目内填列。

（6）“预收款项”项目，反映企业按照销货合同规定预收供应单位的款项。本项目应根据“预收账款”和“应收账款”科目所属各明细科目的期末贷方余额合计数填列。例如，“预收账款”科目所属各明细科目期末有借方余额，应在资产负债表“应收账款”项目内填列。

（7）“合同负债”项目，反映企业履行履约义务与客户付款之间形成的债务关系，本项目根据“合同负债”科目的明细科目期末余额分析填列，同一合同下的合同资产和合同负债应当以净额列示：净额为借方余额的，应当根据其流动性在“合同资产”或“其他非流动资产”项目中填列，已计提减值准备的，还应减去“合同资产减值准备”科目中相应的期末余额后的金额填列。其中，净额为贷方余额的，应当根据其流动性在“合同负债”或“其他非流动负债”项目中填列。

(8)“应付职工薪酬”项目，反映企业根据有关规定应付给职工的工资、职工福利、社会保险费、住房公积金、工会经费、职工教育经费、非货币性福利、辞退福利等各种薪酬。外商投资企业按规定从净利润中提取的职工奖励及福利基金，也在本项目列示。

(9)“应交税费”项目，反映企业按照税法规定计算应缴纳的各种税费，包括增值税、消费税、营业税、所得税、资源税、土地增值税、城市维护建设税、房产税、土地使用税、车船税、教育费附加、矿产资源补偿费等。企业代扣代缴的个人所得税，也通过本项目列示。企业所缴纳的税金不需要预计应交数的，如印花税、耕地占用税等，不在本项目列示。本项目应根据“应交税费”科目的期末贷方余额填列，如“应交税费”科目期末为借方余额，应以“－”号填列。

(10)“其他应付款”项目，应根据“应付利息”“应付股利”和“其他应付款”科目的期末余额合计数填列。

(11)“持有待售负债”项目，反映资产负债表日处置组中与划分为持有待售类别的资产直接相关的负债的期末账面价值。该项目应根据“持有待售负债”科目的期末余额填列。

(12)“一年内到期的非流动负债”项目，反映企业非流动负债中将于资产负债表日后一年内到期部分的金额，如将于一年内偿还的长期借款。本项目应根据有关科目的期末余额分析填列。

(13)“其他流动负债”项目，反映企业除上述流动负债以外的其他流动负债。本项目应根据有关账户的期末余额填列。如其他流动负债价值较大的，应在财务报表附注中披露其内容及金额。

(14)“长期借款”项目，反映企业向银行或其他金融机构借入的期限在一年以上(不含一年)的各项借款。本项目应根据“长期借款”科目的期末余额填列。

(15)“应付债券”项目，反映企业为筹集长期资金而发行的债券本金和利息。本项目应根据“应付债券”科目的期末余额填列。

(16)“租赁负债”项目，反映承租人企业尚未支付的租赁付款额的期末账面价值。本项目应根据“租赁负债”账户的期末余额填列。

(17)“长期应付款”项目，反映资产负债表日企业除长期借款和应付债券以外的其他各种长期应付款项的期末账面价值。该项目应根据“长期应付款”科目的期末余额，减去相关的“未确认融资费用”科目的期末余额后的金额，以及“专项应付款”科目的期末余额填列。

(18)“预计负债”项目，反映企业确认的对外提供担保、未决诉讼、产品质量保证、重组义务、亏损性合同等预计负债。本项目应根据“预计负债”科目的期末余额填列。

(19)“递延收益”项目，反映企业尚待确认的收入或收益，也即暂时未确认的收益，包括尚待确认的劳务收入和未实现融资收益等。

(20)“递延所得税负债”项目，反映企业确认的应纳税暂时性差异产生的所得税负债。本项目应根据“递延所得税负债”科目期末余额填列。

(21)“其他非流动负债”项目，反映企业除长期借款、应付债券等项目以外的其他非流动负债。本项目应根据有关科目的期末余额填列。其他非流动负债项目应根据有关科目期末余额减去将于一年内（含一年）到期偿还数后的余额分析填列。非流动负债各项目中将于一年内（含一年）到期的非流动负债，应在“一年内到期的非流动负债”项目内单独反映。

3. 所有者权益项目填列说明

(1)“实收资本（或股本）”项目，反映企业各投资者实际投入的资本（或股本）总额。本项目应根据“实收资本”（或“股本”）科目的期末余额填列。

(2)“其他权益工具”项目，反映除企业发行的普通股之外的各种金融工具。

(3)“资本公积”项目，反映企业资本公积的期末余额。本项目应根据“资本公积”科目的期末余额填列。

(4)“库存股”项目，反映企业持有尚未转让或注销的本公司股份金额。本项目根据“库存股”账户的期末余额填列。

(5)“其他综合收益”项目，反映企业根据会计准则规定未在损益中确认的各项利得和损失扣除所得税影响后的净额。即直接计入所有者权益的各项利得、损失。本项目应根据“其他综合收益”账户的期末余额填列。

(6)“专项储备”项目，反映高危行业企业按照相关规定自成本中提取的安全生产费用。本项目应根据“专项储备”账户的期末余额填列。

(7)“盈余公积”项目，反映企业盈余公积的期末余额。本项目应根据“盈余公积”科目的期末余额填列。

(8)“未分配利润”项目，反映企业尚未分配的利润。本项目应根据“本年利润”科目和“利润分配”科目的余额计算填列。未弥补的亏损在本项目内以“—”号填列。

拓展阅读

为什么会有应收账款贷方和预收账款借方余额

应收账款反映企业因销售商品和提供劳务等而应向购买单位收取的各种款项，代表企业未来收款的一种权利。正常情况下，“应收账款”账户发生额或余额应该在借方，但也有特殊情况，如果是预收客户的款项，则表明了企业未来要为客户提供商品或劳务的一种义务，在没有为此客户开设“预收账款”账户时，就要将其发生额记入“应收账款”的贷方。所以，我们可以理解为“应收账款”的贷方相当于“预收账款”的贷方。

当发生了预收客户的款项时，为什么不直接记入“预收账款”账户呢？这是因为手工记账时，为了防止一个客户挂在不同的明细账中，才使用“应收账款”的贷方表示“预收”；同样的道理，手工记账时用“应付账款”的借方表示预付，用“预付账款”的贷方表示应付。

任务实施

长江公司2020年12月31日总账及明细分类账户余额如表8-4所示。

表8-4 账户余额表

单位：元

账户名称	借方余额	账户名称	贷方余额
库存现金	5 500	短期借款	500 000
银行存款	2 501 000	应付票据	350 000
其他货币资金	65 000	应付账款	800 000
应收票据	110 000	其他应付款	110 000
应收账款	180 000	应付职工薪酬	785 000
坏账准备	−58 000	应交税费	268 000
预付账款	150 000	应付股利	65 000
在途物资	217 500	应付利息	36 000
原材料	850 000	长期借款	520 000
周转材料	400 000	实收资本	5 610 000
库存商品	950 000	资本公积	230 000
长期股权投资	600 000	盈余公积	532 000
固定资产	7 760 000	利润分配	280 000
累计折旧	−4 900 000		
在建工程	865 000		
无形资产	390 000		
合计	10 086 000	合计	10 086 000

特别说明：坏账准备只针对应收账款，除此之外，该公司未对其他应收款项计提坏账准备。

根据上述资料，编制长江公司2020年12月31日资产负债表，如表8-5所示。

表8-5 资产负债表

编制单位：长江公司　　2020年12月31日　　单位：元

资产	期末余额	年初余额	负债和所有者权益（或股东权益）	期末余额	年初余额
流动资产：			流动负债：		
货币资金	2 571 500		短期借款	500 000	

（续表）

资产	期末余额	年初余额	负债和所有者权益（或股东权益）	期末余额	年初余额
交易性金融资产			交易性金融负债		
衍生金融资产			衍生金融负债		
应收票据	110 000		应付票据	350 000	
应收账款	122 000		应付账款	800 000	
应收款项融资			预收款项		
预付款项	150 000		合同负债		
其他应收款			应付职工薪酬	785 000	
存货	2 417 500		应交税费	268 000	
合同资产			其他应付款	211 000	
持有待售资产			持有待售负债		
一年内到期的非流动资产			一年内到期的非流动负债		
其他流动资产			其他流动负债		
流动资产合计	5 371 000		流动负债合计	2 914 000	
非流动资产：			非流动负债：		
债权投资			长期借款	520 000	
其他债权投资			应付债券		
长期应收款			其中：优先股		
长期股权投资	600 000		永续债		
其他权益工具投资			租赁负债		
其他非流动金融资产			长期应付款		
投资性房地产			预计负债		
固定资产	2 860 000		递延收益		
在建工程	865 000		递延所得税负债		
生产性生物资产			其他非流动负债		
油气资产			非流动负债合计	520 000	
使用权资产			负债合计	3 434 000	
无形资产	390 000		所有者权益（或股东权益）：		
开发支出			实收资本（或股本）	5 610 000	
商誉			其他权益工具		

（续表）

资产	期末余额	年初余额	负债和所有者权益（或股东权益）	期末余额	年初余额
长期待摊费用			其中：优先股		
递延所得税资产			永续债		
其他非流动资产			资本公积	230 000	
非流动资产合计	4 715 000		减：库存股		
			其他综合收益		
			专项储备		
			盈余公积	532 000	
			未分配利润	280 000	
			所有者权益（或股东权益）合计	6 652 000	
资产总计	10 086 000		负债和所有者权益（或股东权益）总计	10 086 000	

任务三 利润表

任务引入

长江公司 2020 年 12 月 31 日，公司期末结转前，各损益类账户余额如表 8－6 所示。

表 8－6 损益类账户余额表

账户名称	结转前金额（万元）
主营业务收入	6 000（贷）
主营业务成本	4 500（借）
税金及附加	150（借）
其他业务收入	170（贷）
其他业务成本	100（借）
投资收益	100（贷）
管理费用（含研发支出）	100（借）（研发支出 80）
财务费用	30（借）
销售费用	200（借）
营业外收入	30（贷）
营业外支出	20（借）

假设长江公司的企业所得税税率为25%，你能帮助长江公司编制利润表吗？

任务分析

利润表是根据企业的所有收支情况计算出最终经营成果的报表，也就是说企业通过一定期间的经营，到底是亏损还是盈利，可以通过利润表来进行判断。但是企业的收支包括很多不同项目，有来自营业业务的，也有来自营业业务以外的，我们该如何分层分类来反映呢？

知识学习

一、利润表的概述

（一）利润表的概念

利润表是反映企业一定会计期间（如月度、季度、半年度或年度）生产经营成果的会计报表。企业在一定会计期间的经营成果既可能表现为盈利，也可能表现为亏损，因此，利润表也被称为损益表。它全面揭示了企业在某一特定时期实现的各种收入、发生的各种费用、成本或支出，以及企业实现的利润或发生的亏损情况。

利润表是根据“收入－费用＝利润”的基本关系来编制的，其具体内容取决于收入、费用、利润等会计要素及其内容，利润表项目是收入、费用和利润要素内容的具体体现。从反映企业经营资金运动的角度看，它是一种反映企业经营资金动态表现的报表，主要提供有关企业经营成果方面的信息，属于动态会计报表。

（二）利润表的作用

利润表是会计报表中的一张基本报表，是企业经营业绩的综合体现，又是企业进行利润分配的主要依据。其作用主要有：

1. 可据以解释、评价和预测企业的经营成果和获利能力

经营成果通常指以营业收入、其他收入抵扣成本、费用、税金等的差额所表示的收益信息。经营成果是一个绝对值指标，可以反映企业财富增长的规模。获利能力是一个相对值指标，它指企业运用一定经济资源（如人力、物力）获取经营成果的能力，经济资源可以因报表用户的不同需要而有所区别，可以是资产总额、净资产，可以是资产的耗费（成本或费用），还可以是投入的人力（如职工人数）。因此，衡量获利能力的指标包括资产收益率、净资产（税后）收益率、成本收益率以及人均实现收益率等指标。经营成果的信息直接由利润表反映，而获利能力的信息除利润表外，还要借助于其他会计报表和注释附表才能得到。

通过比较和分析同一企业在不同时期，或不同企业在同一时期的资产收益率、成本收益率等指标，我们能够揭示企业利用经济资源的效率；通过比较和分析收益信息，我们可以了解某一企业收益增长的规模和趋势。根据利润表所提供的经营成果信息，

股东、债权人和管理部门可解释、评价和预测企业的获利能力，据以对是否投资或追加投资、投向何处、投资多少等作出决策。

2. 可据以解释、评价和预测企业的偿债能力

偿债能力指企业以资产清偿债务的能力。利润表本身并不提供偿债能力的信息，然而企业的偿债能力不仅取决于资产的流动性和资本结构，也取决于获利能力。企业在个别年份获利能力不足，不一定影响偿债能力，但若一家企业长期丧失获利能力，则资产的流动性必然由好转坏，资本结构也将逐渐由优变劣，陷入资不抵债的困境。因而一家数年收益很少和获利能力不强甚至亏损的企业，通常其偿债能力不会很强。

债权人和管理部门通过分析和比较收益表的有关信息，可以间接地解释、评价和预测企业的偿债能力，尤其是长期偿债能力，并揭示偿债能力的变化趋势，进而作出各种信贷决策和改进企业管理工作的决策，如维持、扩大或收缩现有信贷规模，应提出何种信贷条件等。管理部门则可据以找出偿债能力不强之原因，努力提高企业的偿债能力，改善企业的公关形象。

3. 企业管理人员可据以作出经营决策

比较和分析收益表中各种构成要素，可知悉各项收入、成本、费用与收益之间的变化趋势，发现各方面工作中存在的问题，揭露缺点，找出差距，改善经营管理，努力增收节支，杜绝损失的发生，作出合理的经营决策。

4. 可据以评价和考核管理人员的绩效

比较前后期利润表上各项收入、费用、成本及收益的增减变动情况，并查考其增减变动的原因，可以较为客观地评价各职能部门，各生产经营单位的绩效，以及这些部门和人员的绩效与整个企业经营成果的关系，以便评判各部门管理人员的功过得失，及时作出采购、生产、销售、筹资和人事等方面的调整，使各项活动趋于合理。

二、利润表的列示要求

利润表列示的基本要求如下：

（1）企业在利润表中应当对费用按照功能分类，分为从事经营业务发生的成本、管理费用、销售费用和财务费用等。

（2）利润表至少应当单独列示反映下列信息的项目，但其他会计准则另有规定的除外：①营业收入；②营业成本；③税金及附加；④管理费用；⑤销售费用；⑥财务费用；⑦投资收益；⑧公允价值变动损益；⑨资产减值损失；⑩非流动资产处置损益；⑪所得税费用；⑫净利润；⑬其他综合收益各项目分别扣除所得税影响后的净额；⑭综合收益总额。金融企业可以根据其特殊性列示利润表项目。

（3）其他综合收益项目应当根据其他相关会计准则的规定分为以后会计期间不能重分类进损益的其他综合收益项目和以后会计期间在满足规定条件时将重分类进损益的其他综合收益项目两类列报。

（4）在合并利润表中，企业应当在净利润项目之下，单独列示归属于母公司所有者的损益和归属于少数股东的损益；在综合收益总额项目之下，单独列示归属于母公

司所有者的综合收益总额和归属于少数股东的综合收益总额。

三、利润表的结构与格式

（一）利润表的结构

利润表一般由表首和正表两部分组成。表首包括报表名称、编制单位、编制日期、报表编号、货币名称和计量单位等；正表是利润表的主体和核心，反映各主要的收入项目、费用项目以及经营成果的计算过程。

（二）利润表的格式

利润表的格式一般有两种：单步式利润表和多步式利润表。

单步式利润表是将当期所有的收入列在一起，然后将所有的费用列在一起两者相减得出当期净利润。收入大于费用则盈利，反之则为亏损。

多步式利润表是通过对当期的收入、费用、支出项目按性质加以归类，按利润形成的主要环节列示一些中间性利润指标，如营业利润、利润总额、净利润，分步计算当期净利润。各步骤中各项目排列仍然遵循经营成果的计算原理以及各项内容的重要性的排序原则。多步式利润表通常分为以下几步：

第一步，以营业收入为起点，减去营业成本、税金及附加，再减去销售费用、管理费用、财务费用和资产减值损失，加上（减去）公允价值变动收益和投资收益，计算出营业利润。

第二步，在营业利润的基础上，加上营业外收入、减去营业外支出，计算出利润总额。

第三步，在利润总额的基础上，减去所得税费用，计算出净利润。

多步式利润表中的收入和费用的合理配比，反映了净利润各要素之间的内在联系，便于报表使用者进行盈利分析和预测企业的盈利能力。采用多步式利润表的优点是可以将损益的构成分项列示，并对收入、费用进行适当归类，充分反映了营业利润、利润总额、净利润等指标，可以用来较为准确地评价企业管理部门的管理效能；不足之处是报表编制方法比较复杂。根据我国《企业会计准则》的规定，我国企业的利润表采用多步式结构，其格式一般如表 8－7 所示。

表 8－7　利润表

编制单位：　　　　　　　　　　年　月　　　　　　　　　　单位：元

项　目	本期金额	上期金额
一、营业收入		
减：营业成本		
税金及附加		
销售费用		
管理费用		
研发费用（金额来自管理费用账户）		

（续表）

项　目	本期金额	上期金额
财务费用		
其中：利息费用		
利息收入		
资产减值损失		
信用减值损失		
加：投资收益（损失以“－”号填列）		
公允价值变动收益（损失“－”号）		
资产处置收益（损失“－”号）		
其他收益		
净敞口套期收益（损失“－”号）		
二、营业利润（亏损以“－”号填列）		
加：营业外收入		
减：营业外支出		
三、利润总额（亏损总额以“－”号填列）		
减：所得税费用		
四、净利润（净亏损以“－”号填列）		
五、其他综合收益的税后净额		
六、综合收益总额		
七、每股收益		
（一）基本每股收益		
（二）稀释每股收益		

拓展阅读

会计软件中的报表编制

会计软件中的报表填制，确切地说应该称为“报表生成”。因为会计软件已经按不同的行业性质，预告设置好了报表模板。会计人员只需要输入报表的日期，软件就会自动将当月甚至当天的报表自动计算出来。但值得注意的是，会计软件中预先设置的公式，是按会计准则规定中的会计科目定义的，如果企业自行设置了准则以外的会计科目，尤其是总账科目，则一定记得要修改报表中的公式，否则可能带来取数错误。

四、利润表的编制与填列

（一）利润表的编制方法

1. 计算营业利润

营业利润＝营业收入－营业成本－税金及附加－销售费用－管理费用

－研发费用－财务费用＋其他收益＋投资收益（－投资损失）

＋净敞口套期收益（－净敞口套期损失）

＋公允价值变动收益（－公允价值变动损失）－信用减值损失

－资产减值损失＋资产处置收益（－资产处置损失）

小提示

营业利润记忆小窍门

三营、四费、五益、二减，代表收益的是加项，代表成本费用的是减项。

2. 计算利润总额

利润总额＝营业利润＋营业外收入－营业外支出

3. 计算净利润

净利润＝利润总额－所得税费用

4. 计算每股收益

基本每股收益＝净利润÷普通股人数

(二) 利润表的填列方法

利润表的金额部分分为“上期金额”和“本期金额”两栏内容。

1. “上期金额”栏的填列方法

“上期金额”栏应根据上年该期利润表“本期金额”栏内所列数字填列。如果上年该期利润表规定的各个项目的名称和内容同本期不一致，应对上年该期利润表各项目的名称和数字按本期的规定进行调整，填入本表“上期金额”栏内。

2. “本期金额”栏的填列方法

利润表中各主要项目的“本期金额”栏内各项数字，应根据各有关账户发生额分析填列。

(1) 计算营业利润

以营业收入为基础，减去营业成本、税金及附加、销售费用、管理费用、财务费用、资产减值损失，再加上公允价值变动收益（减去公允价值变动损失）和投资收益（减去投资损失），计算出营业利润。

①“营业收入”项目，反映企业经营主要业务和其他业务所确认的收入总额，根据“主营业务收入”和“其他业务收入”科目的发生额分析填列。

②“营业成本”项目，反映企业经营主要业务和其他业务所发生的成本总额，根据“主营业务成本”和“其他业务成本”科目的发生额分析填列。

③“税金及附加”项目，反映企业经营业务应负担的消费税、营业税、城市维护建

设税、资源税、土地增值税和教育费附加等，根据“税金及附加”科目的发生额分析填列。

④“销售费用”项目，反映企业在销售商品过程中发生的包装费、广告费等费用以及为销售本企业商品而专设的销售机构的职工薪酬、业务费等经营费用，根据“销售费用”科目的发生额分析填列。

⑤“管理费用”项目，反映企业为组织和管理生产经营发生的管理费用，根据“管理费用”科目的发生额分析填列。

⑥“研发费用”项目，反映企业进行研究与开发过程中发生的费用或支出，根据“管理费用”账户下的“研发费用”明细账户的发生额分析填列。

⑦“财务费用”项目，反映企业筹集生产经营所需资金等而发生的筹资费用，根据“财务费用”科目的发生额分析填列。

⑧“资产减值损失”项目，反映企业各项资产发生的减值损失，根据“资产减值损失”科目发生额分析填列。

⑨“信用减值损失”项目，反映企业反映企业按照《企业会计准则第 22 号——金融工具确认和计量》的要求计提的各项金融工具减值准备所形成的预期信用损失。本项目根据“信用减值损失”账户的发生额分析填列。

⑩“投资收益”项目，反映企业以各种方式对外投资所取得的收益，根据“投资收益”科目的发生额分析填列。如为投资损失，本项目用“—”号填列。

⑪“公允价值变动收益”项目，反映企业应当计入当期损益的资产或负债公允价值变动收益。本项目应根据“公允价值变动损益”科目的发生额分析填列。如为净损失，本项目以“—”号填列。

⑫“资产处置收益”项目，反映企业出售划分为持有待售的非流动资产（金融工具、长期股权投资和投资性房地产除外）或处置组（子公司和业务除外）时确认的处置利得或损失，以及处置未划分为持有待售的固定资产、在建工程、生产性生物资产及无形资产而产生的处置利得或损失。债务重组中因处置非流动资产产生的利得或损失和非货币性资产交换中换出非流动资产产生的利得或损失也包括在本项目内。该项目应根据“资产处置损益”科目的发生额分析填列。如为处置损失，以“—”号填列。

⑬“其他收益”项目，反映企业计入其他收益的政府补助等。该项目应根据“其他收益”账户的发生额分析填列。

⑭“净敞口套期收益”项目，反映净敞口套期下被套期项目累计公允价值变动转入当期损益的金额或现金流量套期储备转入当期损益的金额。该项目应根据“净敞口套期损益”科目的发生额分析填列。如为套期损失，以“—”号填列。

⑮“营业利润”项目，反映企业实现的营业利润。如为亏损，本项目以“—”号填列。

（2）计算利润总额

以营业利润为基础，加上营业外收入、减去营业外支出，计算出利润总额。

①“营业外收入”项目，反映企业发生的与经营业务无直接关系的各项收入，根据“营业外收入”科目的发生额分析填列。

②“营业外支出”项目，反映企业发生的与经营业务无直接关系的各项支出，根据“营业外支出”科目的发生额分析填列。

③“利润总额”项目，反映企业实现的利润。如为亏损，本项目以“－”号填列。

（3）计算净利润

以利润总额为基础，减去所得税费用，计算出净利润。

①“所得税费用”项目，反映企业应从当期利润总额中扣除的所得税费用，根据“所得税费用”科目的发生额分析填列。

②“净利润”项目，反映企业实现的净利润。如为亏损，本项目以“－”号填列。

③“其他综合收益的税后净额”项目，反映根据企业会计准则规定未在损益中确认的各项利得和损失扣除所得税后的净额。

④“综合收益总额”项目，反映企业净利润与其他综合收益的合计金额。

⑤“基本每股收益”和“稀释每股收益”项目，反映普通股股东每持有一股所能享有的企业利润或需承担的企业亏损。不存在稀释性潜在普通股的企业应当单独列示基本每股收益；存在稀释性潜在普通股的企业应当单独列示基本每股收益和稀释每股收益。

小提示

利润表主要项目介绍：

我是源泉——收入；

有得有失——成本；

我的眼中只有你——利润；

我是老大——主营业务利润；

有你的一半也有我的一半——期间费用；

钱能生钱——投资收益；

我是精华——净利润。

任务实施

长江公司的利润表如表8－8所示。

表8－8　利润表

编制单位：长江公司　　2020年12月　　单位：元

项目	本期金额	上期金额
一、营业收入	61 700 000	
减：营业成本	46 000 000	

（续表）

项目	本期金额	上期金额
税金及附加	1 500 000	
销售费用	2 000 000	
管理费用	200 000	
研发费用（金额来自管理费用账户）	800 000	
财务费用	300 000	
其中：利息费用	300 000	
利息收入		
资产减值损失		
信用减值损失		
加：投资收益（损失以“—”号填列）	1 000 000	
公允价值变动收益（损失“—”号）		
资产处置收益（损失“—”号）		
其他收益		
净敞口套期收益（损失“—”号）		
二、营业利润（亏损以“—”号填列）	11 900 000	
加：营业外收入	300 000	
减：营业外支出	200 000	
三、利润总额（亏损总额以“—”号填列）	12 000 000	
减：所得税费用	3 000 000	
四、净利润（净亏损以“—”号填列）	9 000 000	
五、其他综合收益的税后净额		
六、综合收益总额	9 000 000	
七、每股收益		
（一）基本每股收益		
（二）稀释每股收益		

想一想

上海婶子和左茗两家奶茶店于2020年度利润表项目本期金额如表8-9所示。

表8-9　上海婶子和左茗本期利润对比表　　单位：元

项目	上海婶子	左茗
一、营业收入	950 000	3 500 000
减：营业成本	590 000	1 680 000
税金及附加	20 000	115 000
销售费用	75 150	150 000
管理费用	98 300	103 000
财务费用	47 000	47 000
资产减值损失	32 750	32 700
投资收益（损失以"—"填列）	1 200 000	0
二、营业利润（亏损以"—"填列）	1 286 800	1 372 300
加：营业外收入	105 500	30 000
减：营业外支出	202 200	202 200
三、利润总额（亏损以"—"填列）	1 190 100	1 190 100
减：所得税费用	297 525	297 525
四、净利润（净亏损以"—"填列）	892 575	892 575

通过对比，我们可以发现，上海婶子和左茗两家奶茶店的本年净利润、所得税费用、利润总额都相同，该如何比较这两家企业的经营成果和业绩？哪家奶茶店更具有经营的可持续性？

任务四　现金流量表

任务引入

小张和小王合伙开的"茶小甜"奶茶店，年底算账的时候发现，利润表上的数字，还挺能赚钱的；但是两位老板却发现，店里根本就没有多少现金可供使用。作为会计的你，可以帮两位老板分析一下，这是为什么呢？

任务分析

首先，净利润是权责发生制计算出来的结果，而现金流量表是收付实现制计算出来的结果。净利润反映的是企业是否赚钱了，而现金流量表反映的是企业是否赚到钱了。一个企业不仅有净利润，还需要有现金流量来支撑。我们看奶茶店的现金流量表发现，经营活动现金流量入不敷出，说明企业没有经营现金流入，也说明盈利的质量不佳，此时需要外部融资补充自身现金的不足。

知识学习

一、现金流量表的概述

(一) 现金流量表的概念

现金流量表是反映企业在一定会计期间现金和现金等价物流入和流出的报表。现金流量表可以为报表使用者提供企业一定会计期间内现金和现金等价物流入和流出的信息，便于使用者了解和评价企业获取现金和现金等价物的能力，据以预测企业未来现金流量。

现金流量是一定会计期间内企业现金和现金等价物的流入和流出，从动态上反映现金的变动情况。企业从银行提取现金、用现金购买短期到期的国库券等现金和现金等价物之间的转换不属于现金流量。

现金是企业库存现金以及可以随时用于支付的存款，包括库存现金、银行存款和其他货币资金（如外埠存款、银行汇票存款、银行本票存款）等。不能随时用于支付的存款不属于现金。

现金等价物是企业持有的期限短、流动性强、易于转换为已知金额现金、价值变动风险很小的投资。期限短，一般是指从购买日起三个月内到期的。现金等价物通常包括三个月内到期的债券投资等。权益性投资变现的金额通常不确定，因而不属于现金等价物。企业应当根据具体情况，确定现金等价物的范围，一经确定不得随意变更。

(二) 现金流量表的作用

(1) 现金流量表提供的企业现金流量信息能帮助企业对整体的财务状况作出客观评价——大致的判断企业经营周转是否流畅、投资收益的好坏和筹集资金的期限结构等。

(2) 现金流量表能够帮助投资者和债权人评估当前企业的股利支付能力、偿债能力和筹资能力。

(3) 现金流量表可以帮助投资者和债权人分析企业净利润与经营活动产生现金流量的差异原因，评估企业未来产生现金流量的能力。

小提示

资产负债表反映了货币资金变动的结果，而现金流量表反映的是货币资金的变动过程；利润表中利润的计量基础是权责发生制，而现金流量表采用收付实现制。

二、现金流量表的格式与内容

（一）现金流量表的格式

根据我国《企业会计准则31号——现金流量表》及应用指南规定，现金流量表主要分为正表和包含补充资料在内的报表附注两大部分。

现金流量表的正表由六项内容组成：①经营活动产生的现金流量；②投资活动产生的现金流量；③筹资活动产生的现金流量；④汇率变动对现金的影响；⑤现金及现金等价物净增加额；⑥期末现金及现金等价物余额。

报表附注中的补充资料主要有三项内容：①将净利润调节为经营活动产生的现金流量；②不涉及现金收支的重大投资和筹资活动；③现金及现金等价物净变动情况。

（二）现金流量表的基本内容

现金流量表是以收付实现制为编制基础，反映企业在一定时期内现金收入和现金支出情况的报表。企业的现金流量由经营活动产生的现金流量、投资活动产生的现金流量和筹资活动产生的现金流量三部分构成。

1. 经营活动产生的现金流量

经营活动是企业投资活动和筹资活动以外的所有交易和事项。它的范围很广，包括除企业投资活动和筹资活动以外的所有交易及事项。就工商企业来说，经营活动主要包括销售商品、提供劳务、购买商品、接受劳务、支付工资和缴纳税款等。

一般来说，经营活动产生的现金流入项目主要有：销售商品、提供劳务收到的现金，收到的税费返还，收到的其他与经营活动有关的现金；经营活动产生的现金流出项目主要有：购买商品、接受劳务支付的现金，支付给职工以及为职工支付的现金，支付的各项税费，支付的其他与经营活动有关的现金。

2. 投资活动产生的现金流量

投资活动是企业长期资产的购建和不包括在现金等价物范围内的投资及其处置活动。长期资产是指固定资产、无形资产、在建工程、其他资产等持有期限在一年或一个营业周期以上的资产。

一般来说，投资活动产生的现金流入项目主要有：收回投资所收到的现金，取得投资收益所收到的现金，处置固定资产、无形资产和其他长期资产所收回的现金净额，收到的其他与投资活动有关的现金；投资活动产生的现金流出项目主要有：购建固定资产、无形资产和其他长期资产所支付的现金，投资所支付的现金，支付的其他与投资活动有关的现金。

3. 筹资活动产生的现金流量

筹资活动是导致企业资本及债务规模和构成发生变化的活动。这里所说的资本，包括实收资本（股本）、资本溢价（股本溢价）。债务是指企业对外举债，包括银行借款、发行债券。但是，应付账款、应付票据等商业应付款等属于经营活动，不属于筹资活动。

一般来说，筹资活动产生的现金流入项目主要有：吸收投资所收到的现金，取得借款所收到的现金，收到的其他与筹资活动有关的现金；筹资活动产生的现金流出项目主要有：偿还债务所支付的现金，分配股利、利润或偿付利息所支付的现金，支付的其他与筹资活动有关的现金。现金流量表的“妙用”如图 8-4 所示。

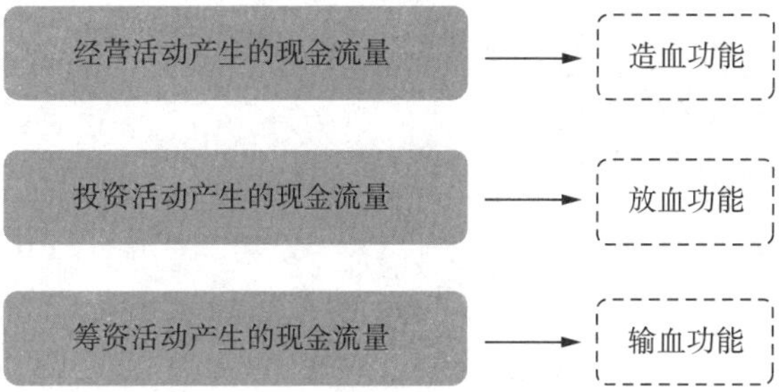

图 8-4　现金流量表的“妙用”

我国企业现金流量表采用报告式结构，分类反映经营活动产生的现金流量、投资活动产生的现金流量和筹资活动产生的现金流量，最后汇总反映企业某一期间现金及现金等价物的净增加额。其格式一般如表 8-10 所示。

表 8-10　现金流量表　　会企 03 表

编制单位：　　年　月　　单位：元

项　目	本期金额	上期金额
一、经营活动产生的现金流量		
销售商品、提供劳务收到的现金		
收到的税费返还		
收到其他与经营活动有关的现金		
经营活动现金流入小计		
购买商品、接受劳务支付的现金		
支付给职工以及为职工支付的现金		
支付的各项税费		
支付其他与经营活动有关的现金		
经营活动现金流出小计		
经营活动产生的现金流量净额		
二、投资活动产生的现金流量		
收回投资收到现金		

（续表）

项　目	本期金额	上期金额
取得投资收益收到的现金		
处置固定资产、无形资产和其他长期资产收回的现金净额		
处置子公司及其他营业单位收到的现金净额		
收到其他与投资活动有关的现金		
投资活动现金流入小计		
购建固定资产、无形资产和其他长期资产支付的现金		
投资支付的现金		
取得子公司及其他营业单位支付的现金净额		
支付其他与投资活动有关的现金		
投资活动现金流出小计		
投资活动产生的现金流量净额		
三、筹资活动产生的现金流量		
吸收投资收到的现金		
取得借款收到的现金		
收到其他与筹资活动有关的现金		
筹资活动现金流入小计		
偿还债务支付的现金		
分配股利、利润或偿付利息支付的现金		
支付其他与筹资活动有关的现金		
筹资活动现金流出小计		
筹资活动产生的现金流量净额		
四、汇率变动对现金及现金等价物的影响		
五、现金及现金等价物净增加额		
加：期初现金及现金等价物余额		
六、期末现金及现金等价物余额		
补充资料：		
（一）将净利润调节为经营活动现金流量		

（续表）

项　目	本期金额	上期金额
净利润		
加：资产减值准备		
固定资产折旧、油气资产折耗、生产性生物资产折旧		
无形资产摊销		
长期待摊费用摊销		
处置固定资产、无形资产和其他长期资产损失（收益以“—”号填列）		
固定资产报废损失（收益以“—”号填列）		
公允价值变动损失（收益以“—”号填列）		
财务费用（收益以“—”号填列）		
投资损失（收益以“—”号填列）		
递延所得税资产减少（增加以“—”号填列）		
递延所得税负债增加（减少以“—”号填列）		
存货的减少（增加以“—”号填列）		
经营性应收项目的减少（增加以“—”号填列）		
经营性应付项目的增加（减少以“—”号填列）		
其他		
经营活动产生的现金流量净额		
（二）不涉及现金收支的重大投资和筹资活动		
债务转为资本		
一年内到期可转换公司债券		
融资租入固定资产		
（三）现金及现金等价物净变动情况		
现金的期末余额		
减：现金的期初余额		
加：现金等价物的期末余额		
减：现金等价物的期初余额		
现金及现金等价物净增加额		

小提示

一个经营良好的企业，从现金流量表来看的话，应该是经营活动产生的净流量足以满足对外投资对现金流量的需要，还有资金沉淀下来用于偿还本金，支付利息，甚至向股东分配利润，这样的公司就是好的企业。

四、现金流量表的编制

（一）现金流量表的编制方法

编制现金流量表时，列报经营活动现金流量的方法有两种：一是直接法；二是间接法。

1. 直接法

直接法，一般是以利润表中的营业收入为起算点，调节与经营活动有关的项目的增减变动，然后计算出经营活动产生的现金流量。

2. 间接法

间接法是将净利润调节为经营活动现金流量，实际上就是将按权责发生制原则确定的净利润调整为现金净注入，并剔除投资活动和筹资活动对现金流量的影响。

小提示

所谓间接法，就是以净利润作为基础数据，加上或减去现金或非现金的调整项目以后，应该和直接法计算出来的经营活动的现金净流量完全相等。

采用直接法编制现金流量表，便于分析企业经营活动产生的现金流量的来源和用途，预测企业现金流量的未来前景；采用间接法编报现金流量表，便于将净利润与经营活动产生的现金流量净额进行比较，了解净利润与经营活动产生的现金流量差异的原因，从现金流量的角度分析净利润的质量。所以，我国企业会计准则规定企业应当采用直接法编制现金流量表，同时要求在附注中提供以净利润为基础调节到经营活动现金流量的信息。采用直接法编制现金流量表时，可以采用工作底稿法或“T”形账户法，也可以根据有关科目记录分析填列。

（二）现金流量表主要项目说明

1. 经营活动产生的现金流量

（1）“销售商品、提供劳务收到的现金”项目，反映企业销售商品、提供劳务实际收到的现金（含销售收入和应向购买者收取的增值税额），包括本期销售商品、提供劳务收到的现金，以及前期销售和前期提供劳务本期收到的现金和本期预收的账款，减去本期退回本期销售的商品和前期销售本期退回的商品支付的现金。企业销售材料和代购代销业务收到的现金，也在本项目反映。

（2）“收到的税费返还”项目，反映企业收到返还的所得税、增值税、营业税、消费税、关税和教育费附加等各种税费返还款。

（3）“收到的其他与经营活动有关的现金”项目，反映企业除上述各项目外，收到的其他与经营活动有关的现金，如罚款收入、经营租赁固定资产收到的现金、投资性房地产收到的租金收入、流动资产损失中由个人赔偿的现金收入、除税费返还外的其他政府补助收入等。

（4）“购买商品、接受劳务支付的现金”项目，反映企业本年购买商品、接受劳务支付的现金（增值税进项税额），以及本年支付以前年度购买商品、接受劳务的未付款项和本年预付款项，减去本年发生的购货退回收到的现金。企业购买材料和代购代销业务支付的现金，也在本项目反映。

（5）“支付给职工以及为职工支付的现金”项目，反映企业本年实际支付给职工的工资、资金、各种津贴和补贴等职工薪酬（包括代扣代缴的职工个人所得税）。

（6）“支付的各项税费”项目，反映企业本年发生并支付、以前各年发生本年支付以及预交的各项税费，包括所得税、增值税、营业税、消费税、印花税、房产税、土地增值税、车船使用税、教育费附加等。

（7）“支付其他与经营活动有关的现金”项目，反映企业经营租赁支付的租金、支付的罚款、差旅费、业务招待费、保险费等其他与经营活动有关的现金流出，金额较大的应当单独列示。

2. 投资活动产生的现金流量

（1）“收回投资收到的现金”项目，反映企业出售、转让或到期收回除现金等价物以外对其他企业长期股权投资等收到的现金，但处置子公司及其他营业单位收到的现金净额除外。

（2）“取得投资收益收到的现金”项目，反映企业除现金等价物以外的对其他企业的长期股权投资等分回的现金股利和利息等。

（3）“处置固定资产、无形资产和其他长期资产收回的现金净额”项目，反映企业出售、报废固定资产、无形资产和其他长期资产所取得的现金（包括因资产毁损而收到的保险赔偿收入），减去为处置这些资产而支付的有关费用后的净额。

（4）“处置子公司及其他营业单位收到的现金净额”项目，反映企业处置子公司及其他营业单位所取得的现金，减去子公司或其他营业单位持有的现金和现金等价物以及相关处置费用后的净额。

（5）“购建固定资产、无形资产和其他长期资产支付的现金”项目，反映企业购买、建造固定资产、取得无形资产和其他长期资产支付的现金（含增值税款等），包括购买机器设备所支付的现金、建造工程支付的现金、支付在建工程人员的工资等现金支出。

（6）“投资支付的现金”项目，反映企业取得除现金等价物以外的对其他企业的长期股权投资等所支付的现金以及支付的佣金、手续费等附加费用，但取得子公司及其他营业单位支付的现金净额除外。

（7）“取得子公司及其他营业单位支付的现金净额”项目，反映企业取得子公司及其他营业单位购买出价中以现金支付的部分，减去子公司或其他营业单位持有的现金和现金等价物后的净额。

（8）“收到其他与投资活动有关的现金”“支付的其他与投资活动有关的现金”项目，反映企业除上述（1）～（7）项目外收到或支付的其他与投资活动有关的现金，金额较大的应当单独列示。

3. 筹资活动产生的现金流量

（1）“吸收投资收到的现金”项目，反映企业以发行股票、债券等方式筹集资金实际收到的款项（发行收入减去支付的佣金等发行费用后的净额）。

（2）“取得借款收到的现金”项目，反映企业举借各种短期、长期借款而收到的现金，以及发行债券实际收到的款项净额（发行收入减去直接支付的佣金等发行费用后的净额）。

（3）“偿还债务所支付的现金”项目，反映企业为偿还债务本金而支付的现金。

（4）“分配股利、利润或偿付利息支付的现金”项目，反映企业实际支付的现金股利、支付给其他投资单位的利润或用现金支付的借款利息、债券利息。

（5）“收到的其他与筹资活动有关的现金”“ 支付其他与筹资活动有关的现金”项目，反映企业除上述（1）～（4）项目外收到货支付的其他与筹资活动有关的现金，金额较大的应单独列示。

4. 汇率变动对现金及现金等价物的影响

“汇率变动对现金及现金等价物的影响”项目，反应下列两个金额之间的差额：

（1）企业外币现金流量折算为记账本位币时，采用现金流量发生日的即期汇率或按照系统合理的方法确定的、与现金流量发生日即期汇率近似的汇率折算的金额（编制合并现金流量表时折算境外子公司的现金流量，应当比照此方法处理）。

（2）企业外币现金及现金等价物净增加额按资产负债表日即期汇率折算的金额。

项目八　客观题

项目八　主观题

项目九　账务处理程序

知识目标

1. 了解企业财务处理程序的意义与种类
2. 熟悉账务处理程序的基本流程
3. 掌握记账凭证账务处理程序的内容
4. 掌握科目汇总表账务处理程序的内容
5. 掌握汇总记账凭证账务处理程序的内容

学银在线微课

技能目标

1. 能够根据企业实际经营情况，选择适合的财务处理程序
2. 掌握使用不同账务处理程序组织会计工作

思政目标

1. 构建“一丝不苟，精益求精”的会计职业素养
2. 提升对会计职业“责任意识”的认知

任务引入

宏发公司原本是一家小规模的生产企业，但经过几年的发展，已经成为规模较大、业务繁多的大型企业。随着业务量的增加，公司会计抱怨工作量越来越大，总是加班加点也无法及时完成必要的会计工作。公司增加了会计人员，但仍然无法很好地解决这个问题。于是公司咨询××会计师事务所注册会计师张某，张某实地了解了宏发公司的会计工作流程后发现，宏发公司会计核算一直以来都是根据原始凭证填制记账凭证，根据记账凭证登记日记账、明细分类账，并逐笔登记总分类账，月末按要求进行对账、编制会计报表。张会计师指出，这样的账务处理程序在公司规模不大时是完全适用的，但是由于公司规模变化，业务量增多，仍然采用这种账务处理程序，特别是逐笔登记总分类账，必然会导致记账工作繁杂，无法提高工作效率。所以，应该适当改变公司的账务处理程序，建议每月定期编制科目汇总表，根据科目汇总表填制总分类账。宏发公司采纳了张会计师的建议，果然大大减少了会计工作，提高了工作效率。

任务分析

企业按规模大小不同可以分为大型、中型、小型以及微型企业，不同类型企业的

账务处理程序可以有差异，那么，企业账务处理程序在哪几种选择？各自有何特点？如何选择适合不同规模企业的账务处理程序？这是作为一名会计人员必须要弄清楚的。

任务一　账务处理程序概述

一、账务处理程序的概念与意义

账务处理程序，又称会计核算组织程序或会计核算形式，是指会计凭证、会计账簿、会计报表相结合的方式，即由填制和审核原始凭证到编制记账凭证，登记日记账、明细分类账和总分类账，编制财务报表的工作程序和方法等。具体地说，就是通过凭证、账簿、报表组织体系，按一定的步骤或程序将三者有机结合起来，最终产生并提供有用的会计信息。

账务处理程序主要包括两个部分内容：第一，建立凭证、账簿和报表组织体系。其中凭证组织是指会计凭证的种类、格式及各种凭证之间的关系；账簿组织是指账簿的种类、格式及各种账簿之间的关系；报表组织是指报表的种类、格式及各种报表之间的关系。上述三种组织构成了一个完整的体系，其核心是账簿组织。第二，记账步骤（程序），是指从会计凭证的取得、填制到账簿的登记，再到会计报表的编制这一整个过程的具体步骤。填制和审核会计凭证、登记会计账簿和编制会计报表之前需要增加一些环节，如进行账项调整和进行试算平衡等。

账务处理程序的各种方法，在实际工作过程中并不是彼此孤立、互不联系的。为了科学组织会计工作，需将这些方法结合在一起，形成一个能够连续、系统、全面、综合的，对单位的经济活动进行会计核算和监督的系统，才能开展各单位的会计核算工作。科学、合理地选择账务处理程序有重要意义，良好的账务处理程序有利于会计工作程序的规范化，提高会计信息质量；有利于保证会计记录的完整性、正确性，增强会计信息的可靠性；有利于减少不必要的会计核算环节，提高会计工作效率，保证会计信息的及时性。

二、账务处理程序的种类

在会计实践中，不同的账簿组织、记账程序和记账方法，及其不同的结合方式，形成了不同种类的账务处理程序。账务处理程序可以分为记账凭证账务处理程序，汇总记账凭证账务处理程序，科目汇总表账务处理程序，多栏式日记账账务处理程序和日记总账账务处理程序。在我国，企业常用的账务处理程序主要有记账凭证账务处理程序、汇总记账凭证账务处理程序和科目汇总表账务处理程序。以上账务处理程序有很多相同点，不同之处主要表现在登记总分类账的依据和方法的不同。

（一）记账凭证账务处理程序

记账凭证账务处理程序是指对发生的经济业务事项，先根据原始凭证或汇总原始凭证编制记账凭证，再直接根据记账凭证逐笔登记总分类账的一种财务处理程序。它是基本的财务处理程序，其他各种账务处理程序是在这种财务处理程序的基础上发展而形成的。

（二）汇总记账凭证账务处理程序

汇总记账凭证账务处理程序是指先根据原始凭证或汇总原始凭证编制记账凭证，定期根据记账凭证分类编制汇总收款凭证、汇总付款凭证和汇总转账凭证，再根据汇总记账凭证登记总分类账的一种账务处理程序。

（三）科目汇总表账务处理程序

科目汇总表账务处理程序，又称记账凭证汇总表账务处理程序，是指根据记账凭证定期编制科目汇总表，再根据科目表登记总分类账的一种账务处理程序。

（四）多栏式日记账账务处理程序

多栏式日记账账务处理程序是指先根据收款凭证、付款凭证登记多栏式现金日记账、多栏式银行存款日记账；再根据转账凭证填制转账凭证科目汇总表；之后根据多栏式现金日记账、多栏式银行存款日记账和转账凭证科目汇总表登记总分类账的一种账务处理程序。

（五）日记总账账务处理程序

日记总账账务处理程序是指在财务处理程序中设置一本兼具日记账和总账性质的日记总账，对一切经济业务既进行序时登记，又进行总分类登记的一种账务处理程序。其账务处理程序的特点是根据业务发生的时间顺序登记，且将所有科目的总分类核算都集中在一张日记总账账页上。

三、账务处理程序的设计原则

选择科学、合理的会计账务处理程序是组织会计工作、进行会计核算的前提。虽然在实际工作中有不同的会计账务处理程序，但一般应符合以下三个要求：

(1) 账务处理程序原则要与本单位的业务性质、规模大小、繁简程度、经营管理的要求和特点等相适应，以保证会计核算的顺利进行。账务处理程序必须充分考虑本单位经营活动的性质、特点、规模大小、经济业务的繁简以及会计机构和会计人员的设置等因素，使账务处理程序与本单位的会计核算工作相适应，同时有利于加强会计核算工作的分工协作，有利于实现会计控制和监督目标。

(2) 应以保证会计质量为根本目标。确定的账务处理程序要能正确、及时、完整的提供会计信息使用者需要的会计核算资料，以利于会计人员及时掌握资金运动现状，有效地参与经营决策，也保证能够满足会计信息使用者了解本单位会计信息的需要。

(3) 账务处理程序要在保证会计核算工作质量的前提下，力求简化核算程序，节约人力和物力，降低会计信息成本，不断提高会计工作的效率。

任务二　账务处理程序基本流程

一、记账凭证账务处理程序

（一）记账凭证账务处理程序概述

1. 记账凭证账务处理程序的概念

记账凭证账务处理程序是指对发生的经济业务事项，都要根据原始凭证或汇总原始凭证编制记账凭证，然后直接根据记账凭证逐笔登记总分类账的一种账务处理程序。

2. 记账凭证账务处理程序的特点

记账凭证账务处理程序的特点是直接根据记账凭证逐笔登记总分类账。它是最基本的账务处理程序，其他各种账务处理程序基本上是在这种账务处理程序的基础上发展和演变的。

在记账凭证账务处理程序下，记账凭证可以采用一种通用的格式，也可以采用收款凭证、付款凭证和转账凭证三种格式；账簿设置一般应设置现金日记账、银行存款日记账、总分类账和明细分类账。日记账和总分类账一般采用三栏式，明细分类账可根据需要用三栏式、数量金额式或多栏式等格式。

（二）记账凭证账务处理程序基本步骤

记账凭证账务处理程序基本步骤如下：

（1）根据原始凭证编制原始凭证汇总表；

（2）根据原始凭证或原始凭证汇总表，编制记账凭证；

（3）根据收款凭证、付款凭证逐笔登记现金日记账和银行存款日记账；

（4）根据原始凭证、汇总原始凭证和记账凭证，登记各种明细分类账；

（5）根据记账凭证逐笔登记总分类账；

（6）期末，将现金日记账、银行存款日记账和明细分类账的余额，同有关总分类账的余额核对，保证相符；

（7）期末，根据核对无误的总分类账和明细分类账的相关资料编制会计报表。

记账凭证账务处理程序如图 9－1 所示。

（三）记账凭证账务处理程序的优缺点及适用范围

1. 优点

（1）核算程序简单明了，记账层次清楚。记账凭证账务处理程序使用专用记账凭证或通用记账凭证，当经济业务发生以后，利用记账凭证就能编制出经济业务的完整会计分录，因此在记账凭证上账户之间的对应关系十分清晰。

（2）总分类账比较详细和具体地反映各项经济业务，便于查账。记账凭证账务处

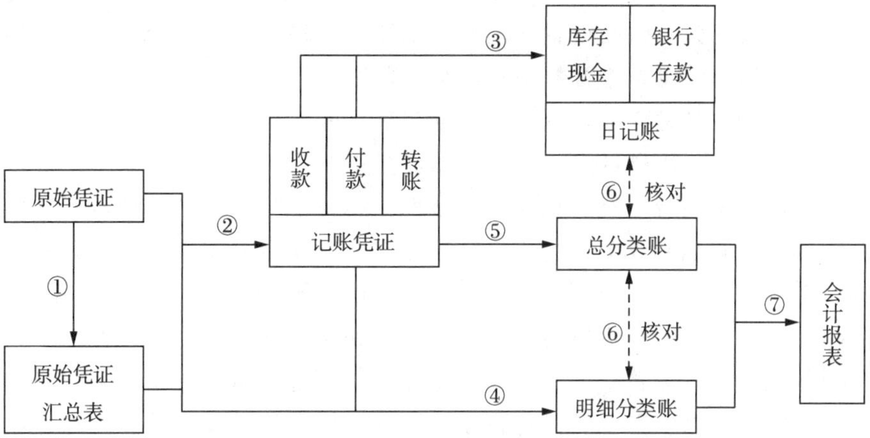

注：——→ 表示填制会计凭证、登记账簿或编制会计报表的方向。

←--→ 表示有关账簿之间的相互核对。

图 9－1　记账凭证账务处理程序

理程序要求日记账、分类账和总账都进行逐笔登记，这样在总分类账上能够详细清晰地反映出每笔经济业务的真实情况。

(3) 技术方法易于理解和掌握。记账凭证账务处理程序的特点是直接根据记账凭证，逐笔登记总分类账。它是最基本的一种账务处理程序，方法简单易懂。

2. 缺点

由于要根据记账凭证逐笔登记总分类账，所以登记总分类账的工作量较大。

3. 适用范围

一般适用于规模较小、经济业务量较少及记账凭证数量不多的企业。

记账凭证账务处理程序特别适宜于计算机处理，因为利用计算机可以弥补工作量大的缺点。同时在手工记账下，为了减少记账凭证的数量和登记总账的工作量，可以尽量将同类经济业务的原始凭证进行汇总，编制汇总原始凭证，再根据汇总原始凭证编制记账凭证。

二、科目汇总表账务处理程序

(一) 科目汇总表账务处理程序概述

1. 科目汇总表账务处理程序的概念

科目汇总表账务处理程序又称记账凭证汇总表账务处理程序，它是根据记账凭证定期编制科目汇总表，再根据科目汇总表登记总分类账的一种账务处理程序。

2. 科目汇总表账务处理程序的特点

科目汇总表账务处理程序的特点：先定期把全部记账凭证按科目汇总，编制科目汇总表，然后根据科目汇总表上的汇总数字登记总分类账。

在科目汇总表账务处理程序下，记账凭证、库存现金日记账、银行存款日记账、各种总分类账和明细分类账的设置与记账凭证账务处理程序基本相同。同时，为了将记账凭证定期地进行汇总，还需要设置科目汇总表。

科目汇总表的编制是科目汇总表账务处理程序的一项重要工作，它是根据一定时期内的全部记账凭证，按科目作为归类标志进行编制的。其编制方法是：首先，将汇总期内各项交易或事项所涉及的总账科目填列在科目汇总表的“会计科目”栏内，然后根据汇总期内所有记账凭证，按会计科目分别加计其借方发生额和贷方发生额，并将其汇总金额填在各相应会计科目的“借方”和“贷方”栏内。对于科目汇总表中“库存现金”“银行存款”科目的借方本期发生额和贷方本期发生额，也可以直接根据库存现金日记账和银行存款日记账的收入合计和支出合计填列，而不再根据收款凭证和付款凭证归类、汇总填列。最后还应分别加总全部会计科目“借方”和“贷方”发生额，进行发生额的试算平衡。具体汇总方式可分为两种：①全部汇总，就是将一定时期（10 天、半个月、一个月）的全部记账凭证汇总到一张科目汇总表内的汇总方式；②分类汇总，就是将一定时期（10 天、半个月、一个月）的全部记账凭证分别按库存现金、银行存款收付款的记账凭证和转账记账凭证进行汇总。科目汇总表的一般格式如表 9－1 和表 9－2 所示。

表 9－1　科目汇总表（格式一）

年　月　日至　月　日　　　　第　号

会计科目	本期发生额			
	借　方	贷　方		
			（略）	
合　计				

表 9－2　科目汇总表（格式二）

年　月　　　　第　号

会计科目	1～10 日		11～20 日		21～31 日		合　计		总账页数
	借　方	贷　方	借　方	贷　方	借　方	贷　方	借　方	贷　方	
合　计									

（二）科目汇总表账务处理程序基本步骤

科目汇总表账务处理程序基本步骤是：

（1）根据原始凭证编制汇总原始凭证；

(2) 根据原始凭证或汇总原始凭证，编制记账凭证；

(3) 根据收款凭证、付款凭证逐笔登记现金日记账和银行存款日记账；

(4) 根据原始凭证、汇总原始凭证和记账工凭证，登记各种明细分类账；

(5) 根据各种记账凭证编制科目汇总表；

(6) 根据科目汇总表登记总分类账；

(7) 期末，库存现金日记账、银行存款日记账和明细分类账的余额同有关总分类账的余额核对相符；

(8) 期末，根据总分类账和明细分类账的记录，编制会计报表。

科目汇总表账务处理程序如图 9-2 所示。

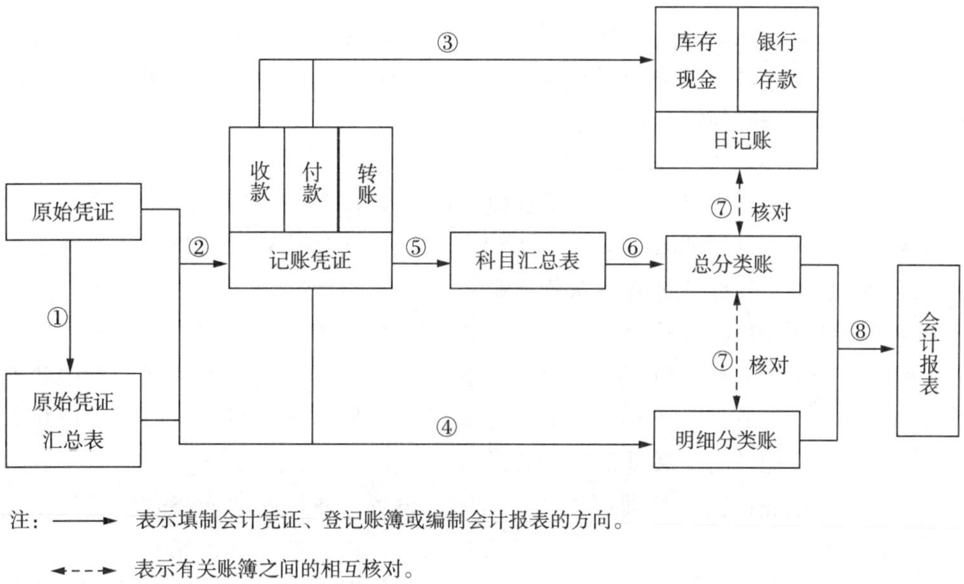

图 9-2 科目汇总表账务处理程序

(三) 科目汇总表账务处理程序的优缺点及适用范围

1. 优点

(1) 依据科目汇总表登记总账，可以大大减轻登记总账的工作量。在科目汇总表账务处理程序下，可根据科目汇总表上有关账户的汇总发生额，在月中定期或月末一次性地登记总分类账，可以使登记总分类账的工作量大为减轻。

(2) 科目汇总表还起到试算平衡的作用，保证总分类账登记的正确性。在科目汇总表上的汇总结果体现了一定会计期间所有账户的借方发生额和贷方发生额之间的相等关系，利用这种发生额的相等关系，可以进行全部账户记录的试算平衡。

2. 缺点

在科目汇总表和总分类账中，不能反映各科目的对应关系，不能清晰地反映经济业务的发生情况，也不便于对经济活动情况进行分析和检查。如果记账凭证较多，根据记账凭证编制科目汇总表本身也是一项很复杂的工作；如果记账凭证较少，运用科目汇总表登记总账又起不到简化登记总账的作用。因此，这种账务处理程序一般适用于规模较大、经济业务较多的企业和单位。

3. 适用范围

科目汇总表账务处理程序适用于规模较大、经济业务量较多的大中型企业。

三、汇总记账凭证账务处理程序

（一）汇总记账凭证账务处理程序概述

1. 汇总记账凭证账务处理程序的概念

汇总记账凭证账务处理程序是根据记账凭证编制科目汇总表，并据以登记总账。汇总记账凭证账务处理通过汇总记账凭证、月末（或定期）登记总分类账，简化了总分类账的登记工作，使得汇总记账凭证中科目间的对应关系清楚，使据以登记的总分类账能明确地反映各类经济业务的内容。

2. 汇总记账凭证账务处理程序的特点

汇总记账凭证账务处理程序区别于其他账务处理程序的主要特点是：定期（5 天或 10 天）将全部记账凭证按收款凭证、付款凭证和转账凭证分别归类编制成汇总记账凭证，然后再根据汇总记账凭证登记总分类账。

汇总记账凭证账务处理程序与科目汇总表账务处理程序较为相似。两者的区别是汇总记账凭证账务处理程序以汇总记账凭证代替了科目汇总表账务处理程序中的科目汇总表，两者只是汇总方式不同。科目汇总表是按相同会计科目汇总，汇总记账凭证则按照会计科目之间的对应关系汇总。其目的是简化总账的登记工作。

采用汇总记账凭证账务处理程序时，其账簿设置、各种账簿的格式以及记账凭证的种类和格式基本上与记账凭证账务处理程序相同，设置现金日记账和银行存款日记账。但应设置汇总收款凭证、汇总付款凭证和汇总转账凭证，作为登记总分类账的依据。按总分类科目设置总分类账和明细分类账，总分类账的账页格式必须增设“对应账户”栏。

（二）汇总记账凭证的编制方法

汇总记账凭证是指对一段时期内同类记账凭证进行定期汇总而编制的记账凭证。汇总记账凭证可以分为汇总收款凭证、汇总付款凭证和汇总转账凭证，三种凭证有不同的编制方法。

1. 汇总收款凭证的编制

汇总收款凭证是指根据“库存现金”和“银行存款”账户的借方进行编制。汇总收款凭证是在对各账户对应的贷方分类之后，进行汇总编制。总分类账根据各汇总收款凭证的合计数进行登记，分别记入“库存现金”“银行存款”总分类账户的借方，并将汇总收款凭证上各账户贷方的合计数分别记入有关总分类账户的贷方，其格式如表 9 - 3所示。

表 9-3 汇总收款凭证

借方科目： 年 月 日 汇收字第 号

金额 / 贷方科目	金额				总账账页
	1—10 日 记字第 号	11—20 日 记字第 号	21—31 日 记字第 号	合 计	
合 计					

2. 汇总付款凭证的编制

汇总付款凭证根据“库存现金”和“银行存款”账户的贷方进行编制。汇总付款凭证是在对各账户对应的借方分类之后，进行汇总编制。总分类账根据各汇总付款凭证的合计数进行登记，分别记入“库存现金”“银行存款”总分类账户的贷方，并将汇总付款凭证上各账户借方的合计数分别记入有关总分类账户的借方，其格式如表 9-4 所示。

表 9-4 汇总付款凭证

贷方科目： 年 月 日 汇付字第 号

金额 / 借方科目	金额				总账账页
	1—10 日 记字第 号	11—20 日 记字第 号	21—31 日 记字第 号	合 计	
合 计					

3. 汇总转账凭证的编制

汇总转账凭证通常根据所设置账户的贷方进行编制。汇总转账凭证是在对所设置账户相对应的借方账户分类之后，进行汇总编制。总分类账根据各汇总转账凭证的合计数进行登记，分别记入对应账户的总分类账户的贷方，并将汇总转账凭证上各账户借方的合计数分别记入有关总分类账户的借方。值得注意的是，在编制的过程中贷方账户必须唯一，借方账户可一个或多个，即转账凭证必须一借一贷或多借一贷。

如果在一个月内某一贷方账户的转账凭证不多，可不编制汇总转账凭证，直接根据单个的转账凭证登记总分类账，其格式如表 9-5 所示。

表 9-5 汇总转账凭证

贷方科目： 年 月 日 汇转字第 号

金额 / 借方科目	金额				总账账页
	1—10 日 记字第 号	11—20 日 记字第 号	21—31 日 记字第 号	合 计	
合 计					

(三) 汇总记账凭证账务处理程序基本步骤

汇总记账凭证账务处理程序基本步骤:

(1) 根据原始凭证填制汇总原始凭证;

(2) 根据原始凭证或汇总原始凭证,填制收款凭证、付款凭证和转账凭证,也可以填制通用记账凭证;

(3) 根据收款凭证、付款凭证逐笔登记库存现金日记账和银行存款日记账;

(4) 根据原始凭证、汇总原始凭证和记账凭证,登记各种明细分类账;

(5) 根据各种记账凭证编制有关汇总记账凭证;

(6) 根据各种汇总记账凭证登记总分类账;

(7) 期末,将库存现金日记账、银行存款日记账和明细分类账的余额与有关总分类账的余额核对相符;

(8) 期末,根据总分类账和明细分类账的记录,编制会计报表。

汇总记账凭证账务处理程序如图 9-3 所示。

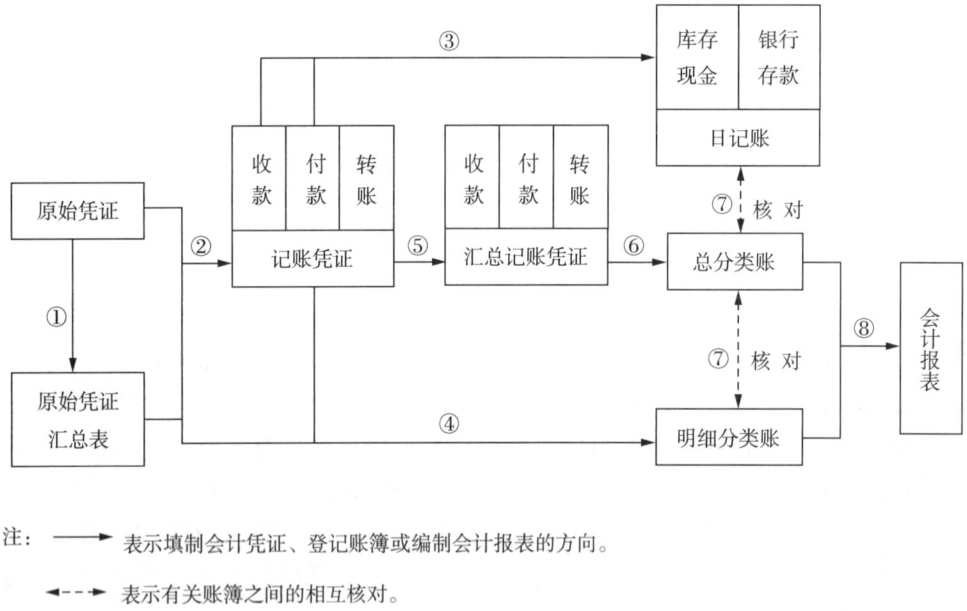

图 9-3 汇总记账凭证账务处理程序

(四) 汇总记账凭证账务处理程序的优缺点及适用范围

1. 优点

汇总记账凭证账务处理程序登记总分类账的直接依据是汇总记账凭证,而汇总记账凭证是根据各种记账凭证按科目对应关系进行归类汇总编制的,因而在汇总记账凭证及总分类账中,可以清晰地反映出科目的对应关系,便于账目的查对和分析,并克服了科目汇总表会计核算形式的缺点。另外,汇总记账凭证账务处理程序相对于记账凭证账务处理程序而言，由于总账是在月末根据汇总记账凭证一次性登记入账，因此减少了登记总分类账的工作量。

2. 缺点

汇总转账凭证需要按贷方科目分别设置，不利于会计核算工作的日常分工，且当转账凭证较多时，编制汇总转账凭证的工作量较大。

3. 适用范围

汇总记账凭证账务处理程序适用于规模较大、经济业务较多的企业单位。

项目九　客观题

项目十　会计工作组织

知识目标

1. 了解公司的组织架构
2. 熟悉会计的目标、职能
3. 掌握会计的对象、方法和会计的基本前提

技能目标

1. 能够理解企业组织架构与会计职业活动之间的关系
2. 学会识别企业的资金活动
3. 学会对自己的会计职业生涯进行规划

学银在线微课

思政目标

1. 养成“爱岗敬业”的会计职业道德意识
2. 提升个人会计职业规划能力

任务引入

彭良是一所高职学院的大三学生。他目前手头有一笔调任兼职和奖学金的积蓄20 000元，他想在实习期间进行创业，通过调研，他决定在学校附近某大型小区创办一个书法培训班。他找到了一位较具能力的同学作为合伙人，其入伙创业资金10 000元，并向亲戚借了10 000元。他以每月4 000元的租金在学校附近租了一套房子作为培训场所，支出21 000元用于装修培训室，支出3 500元用于购置一些培训所需书籍与用具，支出700元用于印制广告宣传单，并以每天180元雇用两名同学发放宣传单，还按每小时200元的价格聘请了一位兼职书法老师。经过努力，一个月后，彭良已经有了30名学员，规定每人每月学费为800元，他与合伙人分别兼作培训部的会计和讲课教师。半年后，他们核算了一下，获取收入39 000余元，扣除房租、耗材、人工等各项费用，净盈余近10 000元。他们通过这段时间的锻炼，学到了不少财务知识，懂得了很多与人合作和打交道的技巧，获得了比财富更加宝贵的工作经验。

任务分析

以上任务需要明确几个问题：彭良和同学办的培训部属于什么类型的企业？

会计在该企业的经营活动中扮演什么角色？这一案例中你学习到了哪些有关会计方面的术语？

任务一 企业概述

1. 企业的概念

企业是从事生产、流通、服务等经济活动，以生产或服务满足社会需要，实行自主经营、独立核算、依法设立、具有经济法人资格的一种营利性的经济组织。法人是相对于自然人而言，具有独立财产并能独立承担民事责任的组织机构。

2. 企业的特点

企业特征是指企业自产生以来各行各业、各种类型的企业共同的质的规定性。企业特征是企业与非企业的区别所在。

1. 经济性

企业作为一种社会组织，不同于行政、军事、政党、社团组织、教育、科研、文艺、体育和慈善等组织，它本质上是经济组织，以经济活动为中心，实行全面的经济核算，追求并致力于不断提高经济效益；同时，它也不同于政府和国际组织对宏观经济活动进行调控监管的机构，它是直接从事经济活动的实体，和消费者同属于微观经济单位。

2. 商品性

企业作为经济组织，又不同于自给自足的自然经济组织，而是商品经济组织、商品生产者或经营者、市场主体，其经济活动是面向、围绕市场进行的。不仅企业的产出（产品、服务）和投入（资源、要素）是商品，企业是“以商品生产商品”，而且企业自身（企业的有形、无形资产）也是商品，企业产权可以有偿转让，企业也是“生产商品的商品”。

3. 营利性

企业作为商品经济组织，却不同于以城乡个体户为典型的小商品经济组织，它是发达商品经济即市场经济的基本单位，是单个的职能资本的运作实体，是以赢取利润为基本目的的，是利用生产、经营某种商品的手段，通过资本经营，追求资本增值和利润最大化。

4. 独立性

企业还是一种在法律和经济上都具有独立性的组织，它在社会上完全独立，依法独立享有民事权利，独立承担民事义务。它与其他自然人、法人在法律地位上完全平等，没有行政级别、行政隶属关系。它不同于民事法律上不独立的非法人单位，也不同于经济上不能完全独立的其他社会组织，它拥有独立的、边界清晰的产权，具有完全的经济行为能力和独立的经济利益，实行独立的经济核算，能够自决、自治、自律、自立。

3. 企业组织形式的类型

（一）按照财产的组织形式和企业所承担的法律责任划分

1. 独资企业

独资企业，是一个自然人投资并兴办的企业，其业主享有全部的经营所得，同时对债务负有完全责任。这种企业的规模都较小，其优点是经营者和所有者合一，经营方式灵活，建立和停业程序简单。这些优点使这种组织形式的企业在发达资本主义国家占有相当大的比重（主要是中小型企业）。当然，这类企业也有缺点，其缺点是自身财力所限，抵御风险的能力较弱。

2. 合伙企业

合伙企业，是由两个以上的自然人订立合伙协议，共同出资、合伙经营、共享收益、共担风险，并对合伙企业债务承担无限连带责任的营利性组织。按照《中华人民共和国合伙企业法》规定，设立合伙企业，应当具备下列条件：①有两个以上合伙人。合伙人为自然人的，应当具备有完全民事行为能力。②有书面合伙协议。③有合伙人认缴或实际缴付的出资。④有合伙企业的名称和经营场所。⑤法律、行政法规规定的其他条件。

3. 公司企业

公司是指以营利为目的，由许多投资者共同出资组建，股东以其投资额为限对公司负责，公司以其全部财产对外承担民事责任的企业法人。公司的主要形式是有限责任公司和股份有限公司。有限责任公司股东以其出资额为限对公司承担责任，公司以其全部资产对公司的债务承担责任。股份有限公司，其全部资本分成等额股份，股东以其所持股份为限对公司承担责任，公司以其全部资产对公司的债务承担责任。公司企业有如下特点：①股东负有有限责任；②股份可转让，流动性好；③可以募集大量资金；④公司有独立的存在期限；⑤管理较科学，效率较高；⑥创办手续复杂，费用高；⑦保密性差，财务状况比较透明；⑧政府的限制较多；⑨社会负担重，要承担双重税赋。

（二）按照国民经济行业分类划分

1. 制造企业

制造企业是指按照市场要求对制造资源（物料、能源、设备、工具、资金、技术、信息和人力等）进行合理分配和加工制造，最终将其转化为可供人们使用和利用的工业品与生活消费品的企业。

制造企业的范围很广泛，常见的制造企业有农副食品加工企业、食品制造企业、服装制造企业、家具制造企业、化学纤维制造企业等。

2. 商品流通企业

商品流通是指商品生产出来以后，通过以货币为媒介的商品买卖，实现从生产领域到消费领域（包括生活资料和生产资料消费）的转移，它是商品所有者全部交换关系的总和。商品流通企业是指通过低价格购进商品、高价格出售商品的方式实现商品进销差价，以此弥补企业的各项费用和支出，获得利润的企业。

与制造企业等其他行业企业的经营活动相比较，商品流通企业有三个特点：一是经营活动的主要内容是商品购销；二是商品资产在企业全部资产中占有较大的比例，是企业资产管理的重点；三是企业营运中资金活动的轨迹是“货币—商品—货币”。

3. 服务企业

服务企业是指为政府、事业单位、企业和居民提供各种服务的企业。服务企业不生产物质产品，但为生产企业和流通企业提供资金、保险、技术、交通运输、仓储等服务，还为行政事业单位和居民提供生活、餐饮、娱乐、旅游等服务。

4. 制造企业的组织结构和基本业务流程

不同的企业，由于性质不同，其组织结构和基本业务流程也不完全一样。下面简要介绍制造企业的组织结构和基本业务流程如图 10－1、10－2 所示。

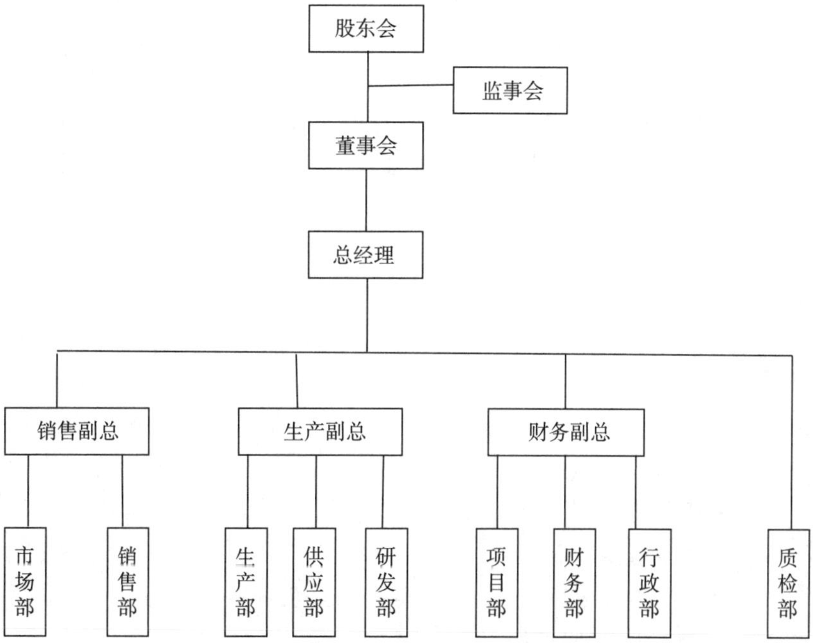

图 10－1　某制造企业组织结构图

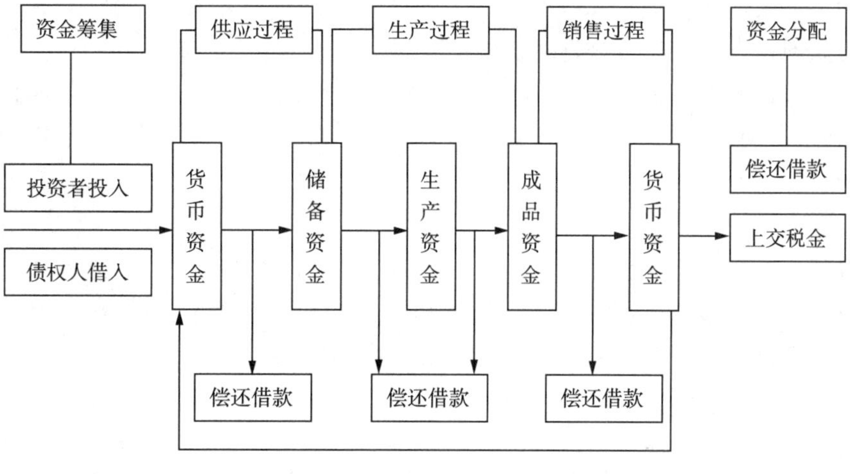

图 10－2　制造企业基本业务流程图

任务二　会计工作组织

1. 会计工作组织的概念

会计工作组织是指对企业各项会计工作所作的统筹安排，其目的是安排、协调和管理好企业的会计工作，其具体内容包括会计机构的设置、会计人员的配备、会计法规的执行、会计工作规范的制定、会计档案的保管和会计工作的电算化等。

科学、合理地组织会计工作对充分发挥会计在经济管理中的作用具有重要意义，具体表现为以下方面：

（1）有利于保证会计工作的质量，提高会计工作的效率；

（2）有利于协调会计工作与其他经济管理工作的关系，提高企业整体管理水平；

（3）有利于完善企业内部的经济责任制度。

2. 会计工作组织形式

会计工作组织形式主要有集中核算和非集中核算两种。

（1）集中核算

集中核算又称之为一级核算。它是指将企业所有会计工作都集中在会计部门进行核算的一种会计工作组织形式。在这一形式下，企业下属各职能部门，包括生产部门及职能科室只对本部门或科室发生的经济业务编制原始凭证或原始凭证汇总表，定期递交会计部门，并据以填制记账凭证登记总分类账及所属的明细分类账，编制会计报表。这一核算方式便于减少核算的中间环节，提高工作效率。但如果企业职能部门机构庞大，生产复杂，则会计部门工作量就会增加，反而会降低工作效率。一般来说，集中核算形式适用于小型企事业单位。

（2）非集中核算

非集中核算也称分散核算，是指由各部门和车间对所发生的经济业务自行设置并登记账簿，进行比较全面的核算。各部门和车间单独计算盈亏，编制内部会计报表，并定期报送给企业会计部门。分散核算组织形式可以使各部门和车间利用核算资料领导和检查工作，但采用这种组织形式，不便于会计凭证的整理。会计人员的合理分工受到了一定的限制，核算工作量较大，核算成本较高。非集中核算形式适用于大中型企事业单位。

3. 会计机构的设置

会计机构是各单位办理会计事务的职能部门，会计人员是直接从事会计工作的人员。建立健全会计机构，配备与工作要求相适应、具有一定素质和数量的会计人员，是做好会计工作、充分发挥会计职能作用的重要保证。

《中华人民共和国会计法》第三十六条第一款对会计机构和会计人员的设置作了如下规定：“各单位应当根据会计业务的需要，设置会计机构，或者在有关机构中设置会计人员并指定会计主管人员；不具备设置条件的，应当委托经批准设立从事会计代理记账业务的中介机构代理记账。”这一规定包括以下三层含义：

第一层含义：各单位可以根据本单位的会计业务繁简情况决定是否设置会计机构。但是，无论是否需要设置会计机构，会计工作必须依法开展，不能因为没有会计机构而对会计工作放任不管，这是法律所不允许的。会计机构是各单位办理会计事务的职能机构，会计人员是直接从事会计工作的人员，建立健全会计机构，配备数量和素质都相当的、具备从业资格的会计人员，是各单位做好会计工作，充分发挥会计职能作用的重要保证。因此，为了科学、合理地组织开展会计工作，保证本单位正常的经济核算，各单位原则上应设置会计机构。

第二层含义：不能单独设置会计机构的单位，应当在有关机构中设置会计人员并指定会计主管人员。这是提高工作效率、明确岗位责任的内在要求，同时也是由会计工作专业性、政策性强等特点所决定的。会计主管人员作为中层管理人员，行使会计机构负责人的职权，要按照规定的程序任免。

第三层含义：不具单独备设置会计机构的单位，应当委托经批准设立从事会计代理记账业务的中介机构代理记账。

至于一个单位究竟需要配备多少会计人员，设置多少会计岗位，没有什么统一的标准，各单位可以根据本单位的组织结构形式和业务工作量、经营规模等因素来进行设置。

4. 会计从业人员

（1）会计从业人员资格

按照《中华人民共和国会计法》规定，从事会计工作的人员，必须取得会计从业资格证书。我国会计从业资格的取得实行考试制度，考试科目一般为：财经法规与会计职业道德、会计基础和初级会计电算化。考试通过后，可以直接申领会计从业资格证书，不必进行注册登记。（依照《会计从业资格管理办法》规定，2013 年 7 月 1 日起取消会计从业资格证书注册登记制度）

担任单位会计机构负责人（会计主管）的，除取得会计从业资格证书外，还应当具备会计师以上专业技术职务资格（如助理会计师、中级会计师、高级会计师等）或者从事会计工作 3 年以上时间。

《总会计师条例》规定，担任总会计师则必须取得会计师任职资格（如中级会计师、高级会计师等），并主管一个企业或者企业一个重要方面的财务会计工作 3 年以上时间，具有较高的政治素质和政策业务水平，良好的职业道德、组织领导能力和身体素质。

按照注册会计师的相关法律规定，申请担任注册会计师的人员必须具备规定的学历和一定的实际会计工作经验，经全国统一考试合格，由财政部门批准注册后，才能从事注册会计师工作。

（2）会计人员任用

《会计基础工作规范》和《总会计师条例》关于会计人员任用的规定主要包括：国家机关、国有企业、事业单位任用会计人员应当实行回避制度。单位领导人的直系亲属不得担任本单位的会计机构负责人、会计主管人员。会计机构负责人、会计主管人员的直系亲属不得在本单位会计机构中担任出纳工作。需要回避的直系亲属为：夫妻关系、直系亲关系、三代以内旁系血亲以及配偶亲关系。

(3) 会计人员岗位

我国《会计基础工作规范》第十一条规定："会计工作岗位一般可分为：会计机构负责人或者会计主管人员、出纳、财产物资核算、工资核算、成本费用核算、财务成果核算、资金核算、往来核算、总账报表、稽核等。开展会计电算化和管理会计的单位，可以根据需要设置相应工作岗位，也可以与其他工作岗位相结合。"

会计工作岗位可以一人一岗、一人多岗或者一岗多人。出纳人员不得兼管稽核、会计档案保管、收入、费用和债权债务账目的登记工作。

1. 会计机构负责人或者会计主管人员岗位

会计机构负责人或者会计主管人员的职责一般包括：

(1) 遵守国家法规，制定企业财务会计制度。

(2) 组织筹集资金，节约使用资金。

(3) 认真研究税法，督促足额上缴。

2. 出纳岗位

出纳岗位的职责一般包括：

(1) 办理现金收付和结算业务；

(2) 登记现金和银行存款日记账；

(3) 保管库存现金和各种有价证券；

(4) 保管有关印章、空白收据和空白支票。

3. 财产物资核算岗位

材料物资核算岗位的职责一般包括：

(1) 会同有关部门拟订材料物资的核算与管理办法；

(2) 审查汇编材料物资的采购资金计划；

(3) 负责材料物资的明细核算；

(4) 会同有关部门编制材料物资计划成本目录；

(5) 配合有关部门制定材料物资消耗定额；

(6) 参与材料物资的清查盘点。

4. 工资核算岗位

工资核算岗位职责一般包括：

(1) 计算职工薪酬，分配职工薪酬，编制工资分配明细表；

(2) 编制工资表，送交银行，保证月度工资按时准确发放；

(3) 及时清理其他应付款，保证代扣代缴到位；

(4) 确保养老金、公积金、房租、水电费等扣缴到位。

5. 成本费用核算岗位

成本核算岗位的职责一般包括：

(1) 拟订成本核算办法;
(2) 制订成本费用计划;
(3) 负责成本管理基础工作;
(4) 核算产品成本和期间费用;
(5) 编制成本费用报表并进行分析;
(6) 协助管理在产品和自制半成品。

6. 财务成果核算岗位

财务成果核算岗位职责一般包括:
(1) 负责编制收入、利润计划;
(2) 办理销售款项结算业务;
(3) 负责收入和利润的明细核算;
(4) 负责利润分配的明细核算;
(5) 编制收入和利润报表;
(6) 协助有关部门对产成品进行清查盘点。

7. 资金核算岗位

资金核算岗位的职责一般包括:
(1) 拟订资金管理和核算办法;
(2) 编制资金收支计划;
(3) 负责资金调度;
(4) 负责资金筹集的明细分类核算;
(5) 负责企业各项投资的明细分类核算。

8. 往来结算岗位

往来核算岗位的职责一般包括:
(1) 建立往来款项结算手续制度;
(2) 办理往来款项的结算业务;
(3) 负责往来款项结算的明细核算。

9. 总账报表岗位

总账报表岗位的职责一般包括:
(1) 负责登记总账;
(2) 负责编制资产负债表、利润表、现金流量表等有关财务会计报表;
(3) 负责管理会计凭证和财务会计报表。

10. 稽核岗位

稽核岗位的职责一般包括:
(1) 审查财务成本计划;
(2) 审查各项财务收支;
(3) 复核会计凭证和财务会计报表。

拓展阅读

小企业与小规模纳税人

小企业和小规模纳税人是两个容易混淆的概念，小型企业是从会计角度而言，适《小企业会计准则》核算；而小规模纳税人和一般纳税人是相对于增值税这一税种而言的，划分标准是按会计核算水平和经营规模。2018年5月1日起，我国小规模纳税人的划分实行新的标准，即工业企业和商业企业年销售额在500万元以下的，按小规模纳税人，享受按较低征收率计税的优惠。从销售额标准来看，小规模纳税人企业都是小型企业，在符合《小企业会计准则》适用范围内的，可选择《小企业会计准则》进行核算；增值税一般纳税人企业，可以选择《企业会计准则》，也可以选择《小企业会计准则》进行核算。

项目十　客观题

项目十　主观题

参考文献

[1] 中华人民共和国财政部．企业会计准则［M］．北京：经济科学出版社，2006.

[2] 袁三梅，曾理．基础会计［M］．北京：北京理工大学出版社，2018.

[3] 李爱红，施先旺．会计学基础［M］．北京：机械工业出版社，2018.

[4] 李占国．基础会计学［M］．北京：高等教育出版社，2020.

[5] 刘淑娟．基础会计［M］．杭州：浙江大学出版社，2016.

[6] 石本仁，谭小平．会计学原理［M］．北京：人民邮电出版社，2019.

[7] 陆国辉，陈文铭．基础会计［M］．北京：清华大学出版社，2020.

[8] 财政部会计资格评价中心，初级会计实务［M］．北京：经济科学出版社，2020.